הרב חגי לונדין
יצחק לונדין

לשוב הביתה

מגילת רות של הנפש

מגילת רות • פירוש • אקדמות

מגיד

Hagay & Yitzchak Lundin
Megillat Ruth of the Soul

חגי ויצחק לונדין
מגילת רות של הנפש

עורך אחראי: ראובן ציגלר
עורכת ראשית: אוריה מבורך
עורכת משנה ומגיהה: אפרת גרוס
עריכה לשונית: אלעד פייט
עימוד: רינה בן גל
עיצוב עטיפה: שמואל לעסרי

ספרי מגיד, הוצאת קורן
ת״ד 4044 ירושלים 9104001
טל׳: 02-6330530 פקס: 02-6330534

office@korenpub.com
www.korenpub.co.il

מסת״ב ISBN 978-965-526-373-2

נדפס בישראל Printed in Israel 2024

לשוב הביתה
מגילת רות של הנפש

מגיד

תוכן העניינים

הקדמה – לברוא אורו של משיח 7

מגילת רות

רות 15

מגילה של הנפש – רות

הדמויות המרכזיות בעלילה 27

פרק א: חטא וחרטה 29

פרק ב: תשובה ותיקון 39

פרק ג: הפנמה ואומץ 49

פרק ד: גאולה ומשיח 57

אקדמות מילין

אקדמות מילין – פירוש 67

אקדמות – פיוט ותרגום 80

הערות 89

לברוא אורו של משיח

מגילה רְווּיָה

מגילת רות, המגילה המוכרת ביותר לאחר מגילת אסתר, נכתבה על פי המסורת בידי שמואל הנביא.[1] הסיפור הנוגע ללב על נערה זרה, המוצאת בסופו של דבר את מקומה בעולם, והמנהג של רוב הקהילות לקרוא את המגילה בחג השבועות[2] – העניקו למגילת רות את משמעותה המיוחדת. כדרכם של דברי הנבואה ורוח הקודש, מגילת רות רְוּיָה (רות מלשון רוויה[3]) בכמה רובדי הבנה, וכולם מוצאים את מקומם בפסוקי המגילה.

חסד

הרובד המוכר ביותר של פשט המגילה הוא ציר החסד, החורז את הפסוקים, כדברי המדרש: "מגילה זו אין בה טומאה ולא טהרה, ולא איסור ולא היתר, ולמה נכתבה? ללמדך כמה שכר טוב לגומלי חסדים".[4] המגילה רְוּיָה באזכורים של חסד: החל מהחלטתה של רות שלא לנטוש את נעמי, דרך החסד שגומל בועז עם רות כשהוא פורס עליה את חסותו, וכלה בחסד שגומלת רות עם בועז כשהיא מסכימה להתחתן עימו, כדבריו: "וַיֹּאמֶר בְּרוּכָה אַתְּ לַה' בִּתִּי הֵיטַבְתְּ חַסְדֵּךְ הָאַחֲרוֹן מִן הָרִאשׁוֹן לְבִלְתִּי לֶכֶת אַחֲרֵי הַבַּחוּרִים אִם דַּל וְאִם עָשִׁיר".[5]

חסד הוא תכונה ישראלית עתיקת יומין: "שלשה סימנים יש באומה זו, ביישנים, רחמנים וגומלי חסדים".[6] רבי יהודה ליוואי (המהר"ל מפראג), מבאר בספרו נתיבות עולם[7] שגמילות חסדים זוהי היכולת

לצאת מן האגו האישי ולהתרחב למעגלים רחבים יותר; להיחלץ מן המוגבלות לאי־מוגבלות. במובנים מסוימים, זוהי ההזדמנות שלנו, ברואים סופיים, להידמות לאין־סופיות האלוהית של הבורא: "מה הוא נקרא חנון אף אתה היה חנון, מה הוא נקרא רחום אף אתה היה רחום".[8]

בהתאם לזאת, אך טבעי שהמגילה, המתארת את תחילת שושלת מלכות בית דוד, תהיה מושתתת על גמילות חסד; ולא במקרה נלמדת מגילת רות סביב החג של נתינת התורה, המוגדרת כ"תחילתה חסד וסופה חסד".[9]

גיור

רובד נוסף החורז את המגילה הוא סיפור גיורה של רות והכנסתה לבית ישראל. רעיון הגרות בישראל מעורר תמיהה: היהדות אינה דת שאפשר לאמץ אלא מציאות חיים. הגדרת "יהודי" אינה תלויה בבחירתו החופשית של האדם אלא מתוקף לידתו לאם יהודייה; כיצד יכול אפוא מי שלא נולד כיהודי להתגייר?

התשובה היא שגר, "אף על גב דאינהו לא הוו בהר סיני – מזלייהו הוו" (אף על פי שגופו לא היה בהר סיני, נשמתו הייתה).[10] רוצה לומר, גרים הם למעשה נשמות יהודיות ש"התגלגלו" לגופות של לא־יהודים, וכעת הם שבים הביתה, למקומם הטבעי. זוהי משמעות המילים: "רוּת הַמּוֹאֲבִיָּה... הַשָּׁבָה מִשְּׂדֵי מוֹאָב".[11] לכאורה, אין המילה "שבה" מתארת את מצבה לאשורו, הרי היא באה משדה מואב! אלא שנשמתה הייתה מעם ישראל תמיד, אולם "אבדה" מאיתנו. זוהי גם הסיבה שבעם ישראל מערימים קשיים רבים על הבאים להתגייר.[12] יש לברר אם הגר העומד מול בית הדין אכן הוא "נשמה יהודית" שנחשפה ושבה או שמא מדובר כאן בגוי, המעוניין להצטרף לעם היהודי ממניע זר, ואזי נכנס הוא לגדר, "קשים גרים לישראל כספחת".[13] רות היא אבטיפוס לגרת צדק שעמדה במבחן, "וַתֵּרֶא (נעמי) כִּי מִתְאַמֶּצֶת הִיא לָלֶכֶת אִתָּהּ – וַתֶּחְדַּל לְדַבֵּר אֵלֶיהָ",[14] כדברי מדרש רבה (א, ו): "זו היא ששבה ודאי משדי מואב. נשמה היא מן הנפשות שעשה אברהם. עתה היא נגאלה משביה

ושבה לשרשה. עתה היא באה לבית לחם יהודה להעשות אֵם למלכות יהודה, וכסאה יהיה נכון עד עולם".[15]

גיור רעיונות

יתרה מזאת, "גיור" ביהדות אינו רק גיור של נשמות אלא אף גיור רעיוני. ביציאה למלחמה למשל מלמדת אותנו התורה כי ישנם מצבים שהלוחם נתקל בהם ב"אשת יפת תואר"[16] ומכניסה אל תוך ביתו. במבט ראשון, יש פה תיאור של מציאות שלילית, כנאמר בחז"ל, "לא דיברה תורה אלא כנגד יצר הרע",[17] ו"סופו להיות שונאה ולהוליד ממנה בן סורר ומורה".[18] אולם, האור החיים הקדוש במקום מבאר פסוקים אלו באופן שונה. במלחמות ישראל, הן הממשיות הן התרבותיות, קיימת מציאות שעם ישראל מזהה בין הגויים "נפש קדושה בין הקליפות", נשמה גדולה או רעיון אמוני־ישראלי אשר "נשבו" בין הגויים. במלחמת האמונות והדעות להופעת האידיאל הישראלי בעולם מוצאים אנו לעיתים בין האומות "אשת יפת תואר" – רעיון אמיתי, גרעין אמת הקבור בתוך זוהמה תרבותית. את גרעין האמת הזה אנו "מגיירים", מכניסים לתוך ביתנו. אומנם, כדוגמת הגרים הממשיים, אף הגרות הרעיונית זקוקה לבירור ולזיקוק: "וְגִלְּחָה אֶת רֹאשָׁהּ וְעָשְׂתָה אֶת צִפָּרְנֶיהָ וְהֵסִירָה אֶת שִׂמְלַת שִׁבְיָהּ מֵעָלֶיהָ..." אולם "וְאַחַר כֵּן", בסופו של התהליך, "תָּבוֹא אֵלֶיהָ וּבְעַלְתָּהּ וְהָיְתָה לְךָ לְאִשָּׁה".[19]

על פי זה, מובנים יותר דברי הגמרא במסכת פסחים,[20] ש"לא הגלה הקדוש ברוך הוא את ישראל לבין האומות – אלא כדי שיתוֹסְפוּ עליהם גרים". לכאורה, מאמר תמוה, הלוא כמות הגרים שהתווספה לעם ישראל במהלך הגלות שולית, ואין זה מסתבר שמשום כך גלו ישראל מארצם, אלא עניינה של תורת ישראל הוא גיור רעיוני מתמשך של נקודות הטוב הקיימות בעולם (וגם כאן ישנן תפיסות עולם שקשה לנו לעכלן ואלו נפלטות בשלב כלשהו מהגוף הישראלי, וישנן כאלו שנקלטות ונעשות חלק אורגני מבניין התורה[21]).

בין כה וכה, גם בהקשר זה מובן החיבור שבין מגילת רות לחג שבועות, הן מצד ה"גיור" של רעיונות עמוקים וחשיפת שייכותם לתורת

ישראל במתן התורה, הן מצד שהגר הוא כאמור ביטוי למי ש"נשמתו הייתה בהר סיני" וכעת, בקבלו על עצמו בפועל עול תורה ומצוות, הוא "נולד מחדש"[22] – בדומה לכך, כל אחד מאיתנו חווה, בכל חג שבועות, מתן תורה מחודש.

לשוב הביתה

בביאור זה למגילה שמנו דגש על ציר נוסף, המופיע בתורת הרמז והסוד, והוא סיפורה של נפש האדם. רות היא ביטוי לכוח חיובי המצוי בנפש, המעוניין לגרום לקדוש ברוך הוא "לרוות"[23] ממנו רוב נחת, אולם כוח זה הלך לאיבוד בארץ זרה, ומעוניין כעת לשוב הביתה אל המקור הטהור. זהו תהליך לא פשוט, הדורש בירורים רבים, וישנם, דוגמת הגואל ה"פלוני אלמוני",[24] שאינם מאמינים בתשובתו של כוח שנטמא ב"ארץ מואב" וממאן לגאול את רות. אולם, מבט שכלי שמעניק עוצמה ("בו־עֹז") פורס, בסופו של דבר, את כנפיו על הנערה ודווקא ממהלך מעין זה צומחת מלכות ישראל.

ה"גיור" של רות מייצג את המדרגה העליונה של התשובה, זו שאינה מתכחשת לכוחות החול אלא מתעלת אותם לכיוון חיובי. אפשר לרוות רוב נחת גם בהיותנו גרים בעולם הזה, מרובה הפיתויים והסכנות.

כמו בספרים הקודמים בסדרה, העיקרון של ראיית הדמויות התנ"כיות כביטוי של כוחות בנפש האדם והאומה – לקוח מכתביו של הרמ"ד (רבי משה דוד) וואלי, אולם במהלך הביאור השתמשתי במפרשים רבים, בעיקר ברש"י; במדרש רבה; בגר"א; במלבי"ם; ובמילון הראיה לרב קלנר; וכן בניתוחים לשוניים, מצלולים ורעיונות נוספים. גם בכך ביקשתי להמשיך את דרכם של חז"ל, שלמדו לא פעם את פירושי המילים דווקא משפות זרות ומִרמזים של צלילים אחרים.

מחצדי חקלא

האירועים המרכזיים של מגילת רות מתרחשים בתקופה חקלאית של קציר השעורים והחיטים (סיבה נוספת שהמגילה נקראת בחג השבועות,

חג הקציר והביכורים). הצורך המרכזי שזקוקות לו נעמי ורות הוא לחם הנאפה מחיטים; בועז מתוודע לרות בבואה ללקט שיבולים; בהמשך, נפגשים הם בגורן השעורים וכו'.

גם כאן, מצוי רמז על התהליך העובר על נפש האדם המתקרב לתשובה ולתורה. תלמידי חכמים מכונים בלשון תורת הסוד "מחצדי חקלא" (קוצרי השדה).[25] בדומה לשיבולים הצומחות מן הקרקע הטבעית ועוברות עיבוד אנושי כדי להוציא מהן לחם, רעיונותיה הגולמיים של התורה "נקצרים" בידי מחשבתם של תלמידי החכמים והם מוציאים אותם מן הכוח אל הפועל ואופים מהם "לחם" – מזון רוחני המלחים בין שמיים וארץ; גם העיר שבה מתרחשת עלילת המגילה היא "בית לחם".[26]

אורו של משיח

כאמור, מהלכיה של נפש האדם השבה בתשובה, המגולמים בשיבתה של רות לבית ישראל, מביאים לצמיחת שושלת בית דוד, אשר ממנה ייוולד משיח ה'.

לא במקרה מגיעה רות דווקא ממואב. מכל העמים הנזכרים בתורה, מואב מייצגת אומה שפלה שמקורה מגילוי עריות של לוט ובתו[27] ("מואב" – בא מאב). לכאורה, שיא הטומאה, וכיצד אם כן דווקא מכאן יצמח משיח בן דוד?

באחת הפיסקאות הפחות ידועות בכתבי הרב קוק[28] מסביר הוא שהטעם העומד ביסוד איסורי חיתון בין קרובי משפחה הוא החשש מהתמקדות האדם באהבה פרטית, שאינה מתרחבת למעגלים נוספים. חיתון עם קרובי משפחה הוא בבחינת חתונה של האדם עם עצמו. לעומת זאת "יסוד התרחבות מושג האהבה לזולתו יכונן מהתאחדות החוגים" – מימוש מושג האהבה מתקיים במלואו בנישואין בין חוגים שונים, ולא במשפחה, כלומר בחיבור של קבוצות שונות, כדברי הפסוק המבטא את העיקרון העומד ביסוד הנישואין, "עַל כֵּן יַעֲזָב אִישׁ אֶת אָבִיו וְאֶת אִמּוֹ וְדָבַק בְּאִשְׁתּוֹ",[29] היינו פתיחתו של מעגל חיים חדש.

עם זאת – הפוך על הפוך – דווקא מלכות בית דוד צומחת מגילוי עריות של לוט ובתו, מפני שישנו חשש לטשטוש הזהות הלאומית בעם ישראל. נטיית החסד בתרבות היהודית כה מרכזית עד שהיא עלולה להביא לחיבור עם אומות העולם ללא הבחנה ובלי גבולות. בהתאם לזאת, כדי שתהיה בעם ישראל דאגה והשקעה בייחודו, אנו זקוקים לכוח חיצוני דוגמת גילוי העריות של לוט ובתו (שיא האנוכיות, כאמור), המחזק בעם ישראל את התכונה של אהבת העצמיות הלאומית. וזהו, כדבריו שם, "פליאות נתיבות חכמה" – חלק מהפלא שבדרכי חוכמת ה', המסבב בדיעבד(!) דברים חיוביים ממציאות שלילית.

להודות ולהקים עולה של תשובה

הרעיון שכוחות שליליים, לאחר תיקונם, מצטרפים לאידיאל המשיחי של תיקון העולם – חורז את שושלת בית דוד. בפרשת וישב מתואר סיפור מורכב על יהודה, אבי השבט היהודי, שנכשל בחטא עם כלתו תמר, אולם שב בתשובה והודה "צדקה ממני".[30] בזכות כך נולד הילד פרץ (מלשון פריצה), במאורע ש"פרץ דרך" באופן לא צפוי, וממנו כאמור השתלשל המשיח המכונה "איש בן פרצי".[31] גם דוד המלך, לאחר שהודה בחטאו עם בת שבע, נזכר כמי "שהקים עולה של תשובה".[32] נפילות וכישלונות הם חלק בלתי נמנע בעולמו של הקדוש ברוך הוא, אולם היכולת להתגבר, לשוב בתשובה ולהודות על האמת – היא מהותו של העם היהודי ("יהודי" מלשון הודאה[33]), והיא הרוקמת את גאולת העולם מתוך הסיבוכים והפיתולים, כדברי המדרש,[34] "יוסף היה עסוק בשקו ובתעניתו, ראובן היה עסוק בשקו ותעניתו, ויעקב היה עסוק בשקו ובתעניתו, ויהודה היה עסוק לִקח לו אשה – והקדוש ברוך הוא היה עוסק ובורא אורו של מלך המשיח".

ולישרי לב שמחה

חלק מתהליך תשובה עליונה הוא כאמור להשיב כוחות שליליים אל מקורם הטוב. בניגוד למהלך תשובה ראשוני, שרק מתכחש לכוחות

השלילה, השלב הבא בתשובה הוא לתעל כוחות אלו לעבר מציאות חיובית.

בהתקדמותו הרוחנית של האדם הפרטי ושל הציבור ישנם שני שלבים: הראשון שבהם הוא שלב "הכובש", ומשמעו עבודת ה׳ היונקת את כוחה מגורמים חיצוניים לאדם, כלומר מחייבת את כיבוש הנטיות הטבעיות. אולם השלב השני והמעולה יותר הינו שלב "הישר", ומשמעו עבודת ה׳ המוּנעת מגורמים פנימיים באדם, כלומר נובעת מן הנטייה המצפונית והישרות האישיותית המזדהה עם אותם תכנים.[35]

כל אחת מן הדרגות הללו מאופיינת בעבודה מוסרית שונה. בעת ששרוי האדם במדרגת "הכובש", דהיינו שאינו מזדהה עדיין עם המגמות הרוחניות, ומציית לדבר ה׳ מתוך היענות לגורם חיצוני, מאופיינת עבודתו המוסרית בכיבוש נטיות חייו הספונטניות, המושכות אותו לכיוונים אחרים, ובדיכוין.

אולם, למרות קדימוּתו[36] והכרחיותו[37] של שלב זה, שבו נלחם האדם בצדדים השפלים של אישיותו, מתלווה לדרך "הכובש" חיסרון מהותי; כאשר נמצאת נפש האדם מסוכסכת וקרועה ממלחמות פנימיות כל העת, מתפתחים בה עם הזמן תחושות תסכול, הדחקות ומעצורים נפשיים, וסופו של כל חוב ב"בעל חוב שהוא דוחק"[38] – כוחות החיים תובעים לבסוף את שלהם ומתפרצים החוצה בצורה זו או אחרת. הדרך המעולה יותר היא דרך "הישר"[39] – המציאות ההרמונית, הנוצרת מתוך הזדהותו המוחלטת של האדם עם דבר ה׳, עד כי נטיות נפשו זורמות באופן טבעי אל עבר הטוב והיושר, ללא מדיניות כובשנית של המעטת הכוחות ודיכוים.[40] בשלב הכיבוש, עדיין ההרמוניה האישיותית אינה מושלמת והמלחמה המתמדת בנטיות החיים הטבעיות הן בבחינת "אוֹר זָרֻעַ לַצַּדִּיק",[41] דהיינו הזרעים לעתיד מוטמנים בקרקע ללא תחושת הזדהות עכשווית. ואולם, בשלב הבא הרי "הַזֹּרְעִים בְּדִמְעָה – בְּרִנָּה יִקְצֹרוּ",[42] כאשר מגיעים לשלב הישר, להזדהות פנימית עם התוכן הערכי – אין עוד מעצור לכוחות הנפש המביא לעצב, אלא "וּלְיִשְׁרֵי לֵב שִׂמְחָה";[43] זרימה נפשית־הרמונית ללא מחסומים.[44]

מגילת רות, שעניינה על פי ביאורנו הוא לתאר את מסעם של כוחות הטומאה אל עבר הקדושה, מלמדת אותנו על מדרגת הישרות, ולכן צומחת ממנה מלכות המשיח מזרע בית דוד. מדרגתו של דוד המלך היא מדרגת הישר[45] ותפקידה של מלכות בית דוד יהיה לא רק להילחם בכוחות החול אלא לחברם אל הקודש. בחג שבועות אנו קוראים את מגילת רות וחווים מתן תורה משיחי, שבו מוצא כל כוח את מקומו הראוי לו בשדה אשר בירכו ה'.

בעל מלחמות, זורע צדקות, מצמיח ישועות

חלקו של הביאור נכתב בזמן המלחמה שפרצה בשמחת תורה תשפ"ד, אחת מן המלחמות הקשות והמדממות בתולדות מדינת ישראל. בשעת כתיבת שורות אלו, קשה לדעת מה יהיו מלוא השלכותיה של המלחמה, אולם מקובלנו שה' הוא "בעל מלחמות, זורע צדקות, מצמיח ישועות" – המלחמות המטלטלות את עולמנו מסבבות בסופו של דבר צדקות וישועות כחלק מתהליך הגאולה. מתוך נהרות של דם וכאב, התעורר עם ישראל מתרדמה שהיה שרוי בה, הודה על האמת והשיב מלחמה שערה, ועוד רבות יסופר בתולדות האומה. בימים חשוכים של דאגה ושכול, המסע המפותל בעקבותיה של רות – שמצמיח בסופו של דבר את אור המשיח – יכול להעניק מעט נחמה.

ברכת אב

בשמחת אב גדולה אציין, שספר זה הוא עבודה משותפת עם בני הבכור יצחק־דניאל הי"ו, שלמרות גילו הצעיר כתב את הטיוטה הראשונית לביאור ואת מרבית המקורות. אתפלל שחיבור זה ישמש, בעזרת השם, פתח ליצירות תורניות נוספות. ישוטטו רבים ותרבה הדעת.

חגי לונדין

שדרות, אייר תשפ"ד

מגילת רות

רות

א וַיְהִ֗י בִּימֵי֙ שְׁפֹ֣ט הַשֹּׁפְטִ֔ים וַיְהִ֥י רָעָ֖ב בָּאָ֑רֶץ וַיֵּ֨לֶךְ אִ֜ישׁ
מִבֵּ֧ית לֶ֣חֶם יְהוּדָ֗ה לָגוּר֙ בִּשְׂדֵ֣י מוֹאָ֔ב ה֥וּא וְאִשְׁתּ֖וֹ
ב וּשְׁנֵ֥י בָנָֽיו׃ וְשֵׁ֣ם הָאִ֣ישׁ אֱלִימֶ֡לֶךְ וְשֵׁם֩ אִשְׁתּ֨וֹ נָעֳמִ֜י
וְשֵׁ֥ם שְׁנֵֽי־בָנָ֣יו ׀ מַחְל֤וֹן וְכִלְיוֹן֙ אֶפְרָתִ֔ים מִבֵּ֥ית לֶ֖חֶם
ג יְהוּדָ֑ה וַיָּבֹ֥אוּ שְׂדֵי־מוֹאָ֖ב וַיִּֽהְיוּ־שָֽׁם׃ וַיָּ֥מָת אֱלִימֶ֖לֶךְ
ד אִ֣ישׁ נָעֳמִ֑י וַתִּשָּׁאֵ֥ר הִ֖יא וּשְׁנֵ֥י בָנֶֽיהָ׃ וַיִּשְׂא֣וּ לָהֶ֗ם
נָשִׁים֙ מֹֽאֲבִיּ֔וֹת שֵׁ֤ם הָֽאַחַת֙ עָרְפָּ֔ה וְשֵׁ֥ם הַשֵּׁנִ֖ית ר֑וּת
ה וַיֵּ֥שְׁבוּ שָׁ֖ם כְּעֶ֥שֶׂר שָׁנִֽים׃ וַיָּמ֥וּתוּ גַם־שְׁנֵיהֶ֖ם מַחְל֣וֹן
ו וְכִלְי֑וֹן וַתִּשָּׁאֵר֙ הָֽאִשָּׁ֔ה מִשְּׁנֵ֥י יְלָדֶ֖יהָ וּמֵאִישָֽׁהּ׃ וַתָּ֤קָם
הִיא֙ וְכַלֹּתֶ֔יהָ וַתָּ֖שָׁב מִשְּׂדֵ֣י מוֹאָ֑ב כִּ֤י שָֽׁמְעָה֙ בִּשְׂדֵ֣ה
מוֹאָ֔ב כִּי־פָקַ֤ד יְהוָה֙ אֶת־עַמּ֔וֹ לָתֵ֥ת לָהֶ֖ם לָֽחֶם׃
ז וַתֵּצֵ֗א מִן־הַמָּקוֹם֙ אֲשֶׁ֣ר הָיְתָה־שָׁ֔מָּה וּשְׁתֵּ֥י כַלֹּתֶ֖יהָ
ח עִמָּ֑הּ וַתֵּלַ֣כְנָה בַדֶּ֔רֶךְ לָשׁ֖וּב אֶל־אֶ֥רֶץ יְהוּדָֽה׃ וַתֹּ֤אמֶר
נָעֳמִי֙ לִשְׁתֵּ֣י כַלֹּתֶ֔יהָ לֵ֣כְנָה שֹּׁ֔בְנָה אִשָּׁ֖ה לְבֵ֣ית אִמָּ֑הּ
יעשה יְהוָ֤ה עִמָּכֶם֙ חֶ֔סֶד כַּאֲשֶׁ֧ר עֲשִׂיתֶ֛ם עִם־הַמֵּתִ֖ים יַ֣עַשׂ
ט וְעִמָּדִֽי׃ יִתֵּ֤ן יְהוָה֙ לָכֶ֔ם וּמְצֶ֣אןָ מְנוּחָ֔ה אִשָּׁ֖ה בֵּ֣ית

אִישָׁ֑הּ וַתִּשַּׁ֣ק לָהֶ֔ן וַתִּשֶּׂ֥אנָה קוֹלָ֖ן וַתִּבְכֶּֽינָה׃
י יא וַתֹּאמַ֖רְנָה־לָּ֑הּ כִּי־אִתָּ֥ךְ נָשׁ֖וּב לְעַמֵּֽךְ׃ וַתֹּ֤אמֶר נָעֳמִי֙
שֹׁ֣בְנָה בְנֹתַ֔י לָ֥מָּה תֵלַ֖כְנָה עִמִּ֑י הַֽעֽוֹד־לִ֤י בָנִים֙ בְּמֵעַ֔י
יב וְהָי֥וּ לָכֶ֖ם לַאֲנָשִֽׁים׃ שֹׁ֤בְנָה בְנֹתַי֙ לֵ֔כְןָ כִּ֥י זָקַ֖נְתִּי מִהְי֣וֹת
לְאִ֑ישׁ כִּ֤י אָמַ֙רְתִּי֙ יֶשׁ־לִ֣י תִקְוָ֔ה גַּ֣ם הָיִ֤יתִי הַלַּ֙יְלָה֙
יג לְאִ֔ישׁ וְגַ֖ם יָלַ֥דְתִּי בָנִֽים׃ הֲלָהֵ֣ן ׀ תְּשַׂבֵּ֗רְנָה עַ֚ד אֲשֶׁ֣ר
יִגְדָּ֔לוּ הֲלָהֵן֙ תֵּֽעָגֵ֔נָה לְבִלְתִּ֖י הֱי֣וֹת לְאִ֑ישׁ אַ֣ל בְּנֹתַ֗י
יד כִּֽי־מַר־לִ֤י מְאֹד֙ מִכֶּ֔ם כִּֽי־יָצְאָ֥ה בִ֖י יַד־יְהוָֽה׃ וַתִּשֶּׂ֣נָה
קוֹלָ֔ן וַתִּבְכֶּ֖ינָה ע֑וֹד וַתִּשַּׁ֤ק עָרְפָּה֙ לַחֲמוֹתָ֔הּ וְר֖וּת
טו דָּ֥בְקָה בָּֽהּ׃ וַתֹּ֗אמֶר הִנֵּה֙ שָׁ֣בָה יְבִמְתֵּ֔ךְ אֶל־עַמָּ֖הּ
טז וְאֶל־אֱלֹהֶ֑יהָ שׁ֖וּבִי אַחֲרֵ֥י יְבִמְתֵּֽךְ׃ וַתֹּ֤אמֶר רוּת֙ אַל־
תִּפְגְּעִי־בִ֔י לְעָזְבֵ֖ךְ לָשׁ֣וּב מֵאַחֲרָ֑יִךְ כִּ֞י אֶל־אֲשֶׁ֨ר תֵּלְכִ֜י
אֵלֵ֗ךְ וּבַאֲשֶׁ֤ר תָּלִ֙ינִי֙ אָלִ֔ין עַמֵּ֣ךְ עַמִּ֔י וֵאלֹהַ֖יִךְ אֱלֹהָֽי׃
יז בַּאֲשֶׁ֤ר תָּמ֙וּתִי֙ אָמ֔וּת וְשָׁ֖ם אֶקָּבֵ֑ר כֹּה֩ יַעֲשֶׂ֨ה יְהוָ֥ה
יח לִי֙ וְכֹ֣ה יֹסִ֔יף כִּ֣י הַמָּ֔וֶת יַפְרִ֖יד בֵּינִ֥י וּבֵינֵֽךְ׃ וַתֵּ֕רֶא כִּֽי־
מִתְאַמֶּ֥צֶת הִ֖יא לָלֶ֣כֶת אִתָּ֑הּ וַתֶּחְדַּ֖ל לְדַבֵּ֥ר אֵלֶֽיהָ׃
יט וַתֵּלַ֣כְנָה שְׁתֵּיהֶ֔ם עַד־בּוֹאָ֖נָה בֵּ֣ית לָ֑חֶם וַיְהִ֗י כְּבֹאָ֙נָה֙
בֵּ֣ית לֶ֔חֶם וַתֵּהֹ֤ם כָּל־הָעִיר֙ עֲלֵיהֶ֔ן וַתֹּאמַ֖רְנָה הֲזֹ֥את
כ נָעֳמִֽי׃ וַתֹּ֣אמֶר אֲלֵיהֶ֔ן אַל־תִּקְרֶ֥אנָה לִ֖י נָעֳמִ֑י קְרֶ֤אןָ
כא לִי֙ מָרָ֔א כִּֽי־הֵמַ֥ר שַׁדַּ֛י לִ֖י מְאֹֽד׃ אֲנִי֙ מְלֵאָ֣ה הָלַ֔כְתִּי
וְרֵיקָ֖ם הֱשִׁיבַ֣נִי יְהוָ֑ה לָ֣מָּה תִקְרֶ֤אנָה לִי֙ נָעֳמִ֔י וַֽיהוָה֙

כב עָנָה בִי וְשַׁדַּי הֵרַע־לִי׃ וַתָּשָׁב נָעֳמִי וְרוּת הַמּוֹאֲבִיָּה
כַלָּתָהּ עִמָּהּ הַשָּׁבָה מִשְּׂדֵי מוֹאָב וְהֵמָּה בָּאוּ בֵּית
א לֶחֶם בִּתְחִלַּת קְצִיר שְׂעֹרִים׃ וּלְנָעֳמִי מידע לְאִישָׁהּ מוֹדַע
אִישׁ גִּבּוֹר חַיִל מִמִּשְׁפַּחַת אֱלִימֶלֶךְ וּשְׁמוֹ בֹּעַז׃
ב וַתֹּאמֶר רוּת הַמּוֹאֲבִיָּה אֶל־נָעֳמִי אֵלְכָה־נָּא הַשָּׂדֶה
וַאֲלַקֳטָה בַשִּׁבֳּלִים אַחַר אֲשֶׁר אֶמְצָא־חֵן בְּעֵינָיו
ג וַתֹּאמֶר לָהּ לְכִי בִתִּי׃ וַתֵּלֶךְ וַתָּבוֹא וַתְּלַקֵּט בַּשָּׂדֶה
אַחֲרֵי הַקֹּצְרִים וַיִּקֶר מִקְרֶהָ חֶלְקַת הַשָּׂדֶה לְבֹעַז
ד אֲשֶׁר מִמִּשְׁפַּחַת אֱלִימֶלֶךְ׃ וְהִנֵּה־בֹעַז בָּא מִבֵּית לֶחֶם
וַיֹּאמֶר לַקּוֹצְרִים יְהוָה עִמָּכֶם וַיֹּאמְרוּ לוֹ יְבָרֶכְךָ יְהוָה׃
ה וַיֹּאמֶר בֹּעַז לְנַעֲרוֹ הַנִּצָּב עַל־הַקּוֹצְרִים לְמִי הַנַּעֲרָה
ו הַזֹּאת׃ וַיַּעַן הַנַּעַר הַנִּצָּב עַל־הַקּוֹצְרִים וַיֹּאמַר נַעֲרָה
ז מוֹאֲבִיָּה הִיא הַשָּׁבָה עִם־נָעֳמִי מִשְּׂדֵי מוֹאָב׃ וַתֹּאמֶר
אֲלַקֳטָה־נָּא וְאָסַפְתִּי בָעֳמָרִים אַחֲרֵי הַקּוֹצְרִים
וַתָּבוֹא וַתַּעֲמוֹד מֵאָז הַבֹּקֶר וְעַד־עַתָּה זֶה שִׁבְתָּהּ
ח הַבַּיִת מְעָט׃ וַיֹּאמֶר בֹּעַז אֶל־רוּת הֲלֹא שָׁמַעַתְּ בִּתִּי
אַל־תֵּלְכִי לִלְקֹט בְּשָׂדֶה אַחֵר וְגַם לֹא תַעֲבוּרִי מִזֶּה
ט וְכֹה תִדְבָּקִין עִם־נַעֲרֹתָי׃ עֵינַיִךְ בַּשָּׂדֶה אֲשֶׁר־יִקְצֹרוּן
וְהָלַכְתְּ אַחֲרֵיהֶן הֲלוֹא צִוִּיתִי אֶת־הַנְּעָרִים לְבִלְתִּי
נָגְעֵךְ וְצָמִת וְהָלַכְתְּ אֶל־הַכֵּלִים וְשָׁתִית מֵאֲשֶׁר
י יִשְׁאֲבוּן הַנְּעָרִים׃ וַתִּפֹּל עַל־פָּנֶיהָ וַתִּשְׁתַּחוּ אַרְצָה

וַתֹּאמֶר אֵלָיו מַדּוּעַ מָצָאתִי חֵן בְּעֵינֶיךָ לְהַכִּירֵנִי
וְאָנֹכִי נָכְרִיָּה׃ וַיַּעַן בֹּעַז וַיֹּאמֶר לָהּ הֻגֵּד הֻגַּד לִי כֹּל יא
אֲשֶׁר־עָשִׂית אֶת־חֲמוֹתֵךְ אַחֲרֵי מוֹת אִישֵׁךְ וַתַּעַזְבִי
אָבִיךְ וְאִמֵּךְ וְאֶרֶץ מוֹלַדְתֵּךְ וַתֵּלְכִי אֶל־עַם אֲשֶׁר
לֹא־יָדַעַתְּ תְּמוֹל שִׁלְשׁוֹם׃ יְשַׁלֵּם יְהוָה פָּעֳלֵךְ וּתְהִי יב
מַשְׂכֻּרְתֵּךְ שְׁלֵמָה מֵעִם יְהוָה אֱלֹהֵי יִשְׂרָאֵל אֲשֶׁר־
בָּאת לַחֲסוֹת תַּחַת־כְּנָפָיו׃ וַתֹּאמֶר אֶמְצָא־חֵן בְּעֵינֶיךָ יג
אֲדֹנִי כִּי נִחַמְתָּנִי וְכִי דִבַּרְתָּ עַל־לֵב שִׁפְחָתֶךָ וְאָנֹכִי
לֹא אֶהְיֶה כְּאַחַת שִׁפְחֹתֶיךָ׃ וַיֹּאמֶר לָה בֹעַז לְעֵת יד
הָאֹכֶל גֹּשִׁי הֲלֹם וְאָכַלְתְּ מִן־הַלֶּחֶם וְטָבַלְתְּ פִּתֵּךְ
בַּחֹמֶץ וַתֵּשֶׁב מִצַּד הַקֹּצְרִים וַיִּצְבָּט־לָהּ קָלִי וַתֹּאכַל
וַתִּשְׂבַּע וַתֹּתַר׃ וַתָּקָם לְלַקֵּט וַיְצַו בֹּעַז אֶת־נְעָרָיו טו
לֵאמֹר גַּם בֵּין הָעֳמָרִים תְּלַקֵּט וְלֹא תַכְלִימוּהָ׃ וְגַם טז
שֹׁל־תָּשֹׁלּוּ לָהּ מִן־הַצְּבָתִים וַעֲזַבְתֶּם וְלִקְּטָה וְלֹא
תִגְעֲרוּ־בָהּ׃ וַתְּלַקֵּט בַּשָּׂדֶה עַד־הָעָרֶב וַתַּחְבֹּט אֵת יז
אֲשֶׁר־לִקֵּטָה וַיְהִי כְּאֵיפָה שְׂעֹרִים׃ וַתִּשָּׂא וַתָּבוֹא יח
הָעִיר וַתֵּרֶא חֲמוֹתָהּ אֵת אֲשֶׁר־לִקֵּטָה וַתּוֹצֵא וַתִּתֶּן־
לָהּ אֵת אֲשֶׁר־הוֹתִרָה מִשָּׂבְעָהּ׃ וַתֹּאמֶר לָהּ חֲמוֹתָהּ יט
אֵיפֹה לִקַּטְתְּ הַיּוֹם וְאָנָה עָשִׂית יְהִי מַכִּירֵךְ בָּרוּךְ
וַתַּגֵּד לַחֲמוֹתָהּ אֵת אֲשֶׁר־עָשְׂתָה עִמּוֹ וַתֹּאמֶר שֵׁם
הָאִישׁ אֲשֶׁר עָשִׂיתִי עִמּוֹ הַיּוֹם בֹּעַז׃ וַתֹּאמֶר נָעֳמִי כ

לְכַלָּתָהּ בָּרוּךְ הוּא לַיהוָה אֲשֶׁר לֹא־עָזַב חַסְדּוֹ אֶת־
הַחַיִּים וְאֶת־הַמֵּתִים וַתֹּאמֶר לָהּ נָעֳמִי קָרוֹב לָנוּ
כא הָאִישׁ מִגֹּאֲלֵנוּ הוּא׃ וַתֹּאמֶר רוּת הַמּוֹאֲבִיָּה גַּם ׀
כִּי־אָמַר אֵלַי עִם־הַנְּעָרִים אֲשֶׁר־לִי תִּדְבָּקִין עַד אִם־
כב כִּלּוּ אֵת כָּל־הַקָּצִיר אֲשֶׁר־לִי׃ וַתֹּאמֶר נָעֳמִי אֶל־רוּת
כַּלָּתָהּ טוֹב בִּתִּי כִּי תֵצְאִי עִם־נַעֲרוֹתָיו וְלֹא יִפְגְּעוּ־בָךְ
כג בְּשָׂדֶה אַחֵר׃ וַתִּדְבַּק בְּנַעֲרוֹת בֹּעַז לְלַקֵּט עַד־כְּלוֹת
קְצִיר־הַשְּׂעֹרִים וּקְצִיר הַחִטִּים וַתֵּשֶׁב אֶת־חֲמוֹתָהּ׃
א וַתֹּאמֶר לָהּ נָעֳמִי חֲמוֹתָהּ בִּתִּי הֲלֹא אֲבַקֶּשׁ־לָךְ מָנוֹחַ
ב אֲשֶׁר יִיטַב־לָךְ׃ וְעַתָּה הֲלֹא בֹעַז מֹדַעְתָּנוּ אֲשֶׁר הָיִית
אֶת־נַעֲרוֹתָיו הִנֵּה־הוּא זֹרֶה אֶת־גֹּרֶן הַשְּׂעֹרִים
ג הַלָּיְלָה׃ וְרָחַצְתְּ ׀ וָסַכְתְּ וְשַׂמְתְּ שמלתך עָלַיִךְ שִׂמְלֹתַיִךְ
וירדתי הַגֹּרֶן אַל־תִּוָּדְעִי לָאִישׁ עַד כַּלֹּתוֹ לֶאֱכֹל וְיָרַדְתְּ
ד וְלִשְׁתּוֹת׃ וִיהִי בְשָׁכְבוֹ וְיָדַעַתְּ אֶת־הַמָּקוֹם אֲשֶׁר
יִשְׁכַּב־שָׁם וּבָאת וְגִלִּית מַרְגְּלֹתָיו ושכבתי וְהוּא יַגִּיד וְשָׁכָבְתְּ
ה לָךְ אֵת אֲשֶׁר תַּעֲשִׂין׃ וַתֹּאמֶר אֵלֶיהָ כֹּל אֲשֶׁר־
ו תֹּאמְרִי   אֶעֱשֶׂה׃ וַתֵּרֶד הַגֹּרֶן וַתַּעַשׂ כְּכֹל אֲשֶׁר־ אֵלַי
ז צִוַּתָּה חֲמוֹתָהּ׃ וַיֹּאכַל בֹּעַז וַיֵּשְׁתְּ וַיִּיטַב לִבּוֹ וַיָּבֹא
לִשְׁכַּב בִּקְצֵה הָעֲרֵמָה וַתָּבֹא בַלָּט וַתְּגַל מַרְגְּלֹתָיו
ח וַתִּשְׁכָּב׃ וַיְהִי בַּחֲצִי הַלַּיְלָה וַיֶּחֱרַד הָאִישׁ וַיִּלָּפֵת
ט וְהִנֵּה אִשָּׁה שֹׁכֶבֶת מַרְגְּלֹתָיו׃ וַיֹּאמֶר מִי־אָתְּ וַתֹּאמֶר

אָנֹכִי רוּת אֲמָתֶךָ וּפָרַשְׂתָּ כְנָפֶךָ עַל־אֲמָתְךָ כִּי גֹאֵל
אָתָּה׃ וַיֹּאמֶר בְּרוּכָה אַתְּ לַיהוה בִּתִּי הֵיטַבְתְּ חַסְדֵּךְ י
הָאַחֲרוֹן מִן־הָרִאשׁוֹן לְבִלְתִּי־לֶכֶת אַחֲרֵי הַבַּחוּרִים
אִם־דַּל וְאִם־עָשִׁיר׃ וְעַתָּה בִּתִּי אַל־תִּירְאִי כֹּל יא
אֲשֶׁר־תֹּאמְרִי אֶעֱשֶׂה־לָּךְ כִּי יוֹדֵעַ כָּל־שַׁעַר עַמִּי כִּי
אֵשֶׁת חַיִל אָתְּ׃ וְעַתָּה כִּי אָמְנָם כִּי אם גֹאֵל אָנֹכִי יב
וְגַם יֵשׁ גֹּאֵל קָרוֹב מִמֶּנִּי׃ לִינִי ׀ הַלַּיְלָה וְהָיָה בַבֹּקֶר יג
אִם־יִגְאָלֵךְ טוֹב יִגְאָל וְאִם־לֹא יַחְפֹּץ לְגָאֳלֵךְ וּגְאַלְתִּיךְ
אָנֹכִי חַי־יהוה שִׁכְבִי עַד־הַבֹּקֶר׃ וַתִּשְׁכַּב מַרְגְּלוֹתָו יד
בְּטֶרֶם עַד־הַבֹּקֶר וַתָּקָם בטרום יַכִּיר אִישׁ אֶת־רֵעֵהוּ וַיֹּאמֶר
אַל־יִוָּדַע כִּי־בָאָה הָאִשָּׁה הַגֹּרֶן׃ וַיֹּאמֶר הָבִי טו
הַמִּטְפַּחַת אֲשֶׁר־עָלַיִךְ וְאֶחֳזִי־בָהּ וַתֹּאחֶז בָּהּ וַיָּמָד
שֵׁשׁ־שְׂעֹרִים וַיָּשֶׁת עָלֶיהָ וַיָּבֹא הָעִיר׃ וַתָּבוֹא אֶל־ טז
חֲמוֹתָהּ וַתֹּאמֶר מִי־אַתְּ בִּתִּי וַתַּגֶּד־לָהּ אֵת כָּל־אֲשֶׁר
עָשָׂה־לָהּ הָאִישׁ׃ וַתֹּאמֶר שֵׁשׁ־הַשְּׂעֹרִים הָאֵלֶּה נָתַן יז
אֵלַי לִי כִּי אָמַר   אַל־תָּבוֹאִי רֵיקָם אֶל־חֲמוֹתֵךְ׃
וַתֹּאמֶר שְׁבִי בִתִּי עַד אֲשֶׁר תֵּדְעִין אֵיךְ יִפֹּל דָּבָר כִּי יח
לֹא יִשְׁקֹט הָאִישׁ כִּי אִם־כִּלָּה הַדָּבָר הַיּוֹם׃ וּבֹעַז א ד
עָלָה הַשַּׁעַר וַיֵּשֶׁב שָׁם וְהִנֵּה הַגֹּאֵל עֹבֵר אֲשֶׁר דִּבֶּר־
בֹּעַז וַיֹּאמֶר סוּרָה שְׁבָה־פֹּה פְּלֹנִי אַלְמֹנִי וַיָּסַר וַיֵּשֵׁב׃
וַיִּקַּח עֲשָׂרָה אֲנָשִׁים מִזִּקְנֵי הָעִיר וַיֹּאמֶר שְׁבוּ־פֹה ב

ג וַיֵּשֵֽׁבוּ׃ וַיֹּ֙אמֶר֙ לַגֹּאֵ֔ל חֶלְקַת֙ הַשָּׂדֶ֔ה אֲשֶׁ֥ר לְאָחִ֖ינוּ
ד לֶאֱלִימֶ֑לֶךְ מָ֥כְרָה נָעֳמִ֖י הַשָּׁ֥בָה מִשְּׂדֵ֥ה מוֹאָֽב׃ וַאֲנִ֨י
אָמַ֜רְתִּי אֶגְלֶ֧ה אָזְנְךָ֣ לֵאמֹ֗ר קְ֠נֵה נֶ֣גֶד הַיֹּשְׁבִ֞ים וְנֶ֣גֶד
זִקְנֵ֣י עַמִּ֗י אִם־תִּגְאַל֙ גְּאָ֔ל וְאִם־לֹ֨א יִגְאַ֜ל הַגִּ֣ידָה לִּ֗י
וְאֵדְעָ֙ כִּ֣י אֵ֤ין זוּלָֽתְךָ֙ לִגְא֔וֹל וְאָנֹכִ֖י אַחֲרֶ֑יךָ וַיֹּ֖אמֶר
ה אָנֹכִ֥י אֶגְאָֽל׃ וַיֹּ֣אמֶר בֹּ֔עַז בְּיוֹם־קְנוֹתְךָ֥ הַשָּׂדֶ֖ה מִיַּ֣ד
נָעֳמִ֑י וּ֠מֵאֵת ר֙וּת הַמּוֹאֲבִיָּ֤ה אֵֽשֶׁת־הַמֵּת֙ קניתי קָנִ֔יתָ
ו לְהָקִ֥ים שֵׁם־הַמֵּ֖ת עַל־נַחֲלָתֽוֹ׃ וַיֹּ֣אמֶר הַגֹּאֵ֗ל לֹ֤א
אוּכַל֙ לגאול־לִ֔י פֶּן־אַשְׁחִ֖ית אֶת־נַחֲלָתִ֑י גְּאַל־לְךָ֤ לִגְאָל־
ז אַתָּה֙ אֶת־גְּאֻלָּתִ֔י כִּ֥י לֹא־אוּכַ֖ל לִגְאֹֽל׃ וְזֹאת֩ לְפָנִ֨ים
בְּיִשְׂרָאֵ֜ל עַל־הַגְּאוּלָּ֣ה וְעַל־הַתְּמוּרָ֗ה לְקַיֵּם֙ כָּל־דָּבָ֔ר
שָׁלַ֥ף אִ֛ישׁ נַעֲל֖וֹ וְנָתַ֣ן לְרֵעֵ֑הוּ וְזֹ֥את הַתְּעוּדָ֖ה בְּיִשְׂרָאֵֽל׃
ח ט וַיֹּ֧אמֶר הַגֹּאֵ֛ל לְבֹ֖עַז קְנֵה־לָ֑ךְ וַיִּשְׁלֹ֖ף נַעֲלֽוֹ׃ וַיֹּ֨אמֶר
בֹּ֜עַז לַזְּקֵנִ֣ים וְכָל־הָעָ֗ם עֵדִ֤ים אַתֶּם֙ הַיּ֔וֹם כִּ֤י קָנִ֙יתִי֙
אֶת־כָּל־אֲשֶׁ֣ר לֶֽאֱלִימֶ֔לֶךְ וְאֵ֛ת כָּל־אֲשֶׁ֥ר לְכִלְי֖וֹן
י וּמַחְל֑וֹן מִיַּ֖ד נָעֳמִֽי׃ וְגַ֣ם אֶת־ר֣וּת הַמֹּאֲבִיָּה֩ אֵ֨שֶׁת
מַחְל֜וֹן קָנִ֧יתִי לִ֣י לְאִשָּׁ֗ה לְהָקִ֤ים שֵׁם־הַמֵּת֙ עַל־
נַחֲלָת֔וֹ וְלֹא־יִכָּרֵ֧ת שֵׁם־הַמֵּ֛ת מֵעִ֥ם אֶחָ֖יו וּמִשַּׁ֣עַר
יא מְקוֹמ֑וֹ עֵדִ֥ים אַתֶּ֖ם הַיּֽוֹם׃ וַיֹּ֨אמְר֜וּ כָּל־הָעָ֧ם אֲשֶׁר־
בַּשַּׁ֛עַר וְהַזְּקֵנִ֖ים עֵדִ֑ים יִתֵּן֩ יהוה אֶת־הָאִשָּׁ֜ה הַבָּאָ֣ה
אֶל־בֵּיתֶ֗ךָ כְּרָחֵ֤ל ׀ וּכְלֵאָה֙ אֲשֶׁ֨ר בָּנ֤וּ שְׁתֵּיהֶם֙ אֶת־בֵּ֣ית

יִשְׂרָאֵ֑ל וַעֲשֵׂה־חַ֙יִל֙ בְּאֶפְרָ֔תָה וּקְרָא־שֵׁ֖ם בְּבֵ֥ית לָֽחֶם׃
וִיהִ֤י בֵֽיתְךָ֙ כְּבֵ֣ית פֶּ֔רֶץ אֲשֶׁר־יָלְדָ֥ה תָמָ֖ר לִֽיהוּדָ֑ה יב
מִן־הַזֶּ֗רַע אֲשֶׁ֨ר יִתֵּ֤ן יהוה֙ לְךָ֔ מִן־הַנַּעֲרָ֖ה הַזֹּֽאת׃
וַיִּקַּ֨ח בֹּ֤עַז אֶת־רוּת֙ וַתְּהִי־ל֣וֹ לְאִשָּׁ֔ה וַיָּבֹ֖א אֵלֶ֑יהָ וַיִּתֵּ֨ן יג
יהוה֩ לָ֛הּ הֵרָי֖וֹן וַתֵּ֥לֶד בֵּֽן׃ וַתֹּאמַ֤רְנָה הַנָּשִׁים֙ אֶֽל־נָעֳמִ֔י יד
בָּר֣וּךְ יהוה֔ אֲשֶׁ֨ר לֹ֧א הִשְׁבִּ֛ית לָ֥ךְ גֹּאֵ֖ל הַיּ֑וֹם וְיִקָּרֵ֥א
שְׁמ֖וֹ בְּיִשְׂרָאֵֽל׃ וְהָ֤יָה לָךְ֙ לְמֵשִׁ֣יב נֶ֔פֶשׁ וּלְכַלְכֵּ֖ל אֶת־ טו
שֵׂיבָתֵ֑ךְ כִּ֣י כַלָּתֵ֤ךְ אֲשֶׁר־אֲהֵבַ֙תֶךְ֙ יְלָדַ֔תּוּ אֲשֶׁר־הִיא֙
ט֣וֹבָה לָ֔ךְ מִשִּׁבְעָ֖ה בָּנִֽים׃ וַתִּקַּ֨ח נָעֳמִ֤י אֶת־הַיֶּ֙לֶד֙ טז
וַתְּשִׁתֵ֣הוּ בְחֵיקָ֔הּ וַתְּהִי־ל֖וֹ לְאֹמֶֽנֶת׃ וַתִּקְרֶ֨אנָה ל֤וֹ יז
הַשְּׁכֵנ֥וֹת שֵׁם֙ לֵאמֹ֔ר יֻלַּד־בֵּ֖ן לְנָעֳמִ֑י וַתִּקְרֶ֤אנָה שְׁמוֹ֙
עוֹבֵ֔ד ה֥וּא אֲבִי־יִשַׁ֖י אֲבִ֥י דָוִֽד׃
וְאֵ֙לֶּה֙ תּוֹלְד֣וֹת פָּ֔רֶץ פֶּ֖רֶץ הוֹלִ֥יד אֶת־חֶצְרֽוֹן׃ וְחֶצְרוֹן֙ יח יט
הוֹלִ֣יד אֶת־רָ֔ם וְרָ֖ם הוֹלִ֥יד אֶת־עַמִּֽינָדָֽב׃ וְעַמִּֽינָדָב֙ כ
הוֹלִ֣יד אֶת־נַחְשׁ֔וֹן וְנַחְשׁ֖וֹן הוֹלִ֥יד אֶת־שַׂלְמָֽה׃
וְשַׂלְמוֹן֙ הוֹלִ֣יד אֶת־בֹּ֔עַז וּבֹ֖עַז הוֹלִ֥יד אֶת־עוֹבֵֽד׃ כא
וְעֹבֵד֙ הוֹלִ֣יד אֶת־יִשָׁ֔י וְיִשַׁ֖י הוֹלִ֥יד אֶת־דָּוִֽד׃ כב

מגילת רות של הנפש

הדמויות המרכזיות בעלילה

אלימלך

בעלה של נעמי ודודו של בועז, אדם עשיר ביותר המעוניין להיות "מלך". הצד האגואיסטי בנפש, המשוכנע שכל הרכוש וכל הכוחות בעולם (המלכות) שייכים רק לו וחייבים להגיע רק אליו.[1] התאווה שאינה מסתפקת בחלקה, ונושאת עיניה תמיד לכיבושים חדשים.

נעמי

אשתו של אלימלך. הצד הנעים של הנפש, הרגשה בריאה וטבעית של טוב וטהרה. עם זאת, הרגשה זו בוסרית ואינה מפותחת לכדי תודעה ברורה ושלמה, ומכיוון שכך היא חסרת יציבות ואינה יכולה לעמוד לבדה אל מול גחמותיו של אלימלך, הצד היצרי ותאוותיו.

רות

כלתה של נעמי ובתו של מלך מואב.[2] ביטוי לכוחות החול, חלקי נפש טובים ביסודם, שהתרחקו עם הזמן, ובינתיים נתמלאו בטומאה ובסיאוב. אכן, הכוחות הללו מלאים בדרישה עמוקה להתמלא (רות מלשון רוויה[3]) מן הקודש; לשוב בתשובה אל הבית ואל המקור; דרישה המביאה לבסוף לגיור ולצמיחת המשיחיות.

בועז

אחיינו של אלימלך וראש הסנהדרין.[4] התורה הטהורה, ההכרה השכלית, רוחניות מלאת גבורה (בו־עֹז), הגואלת גם את החלקים הנמוכים והרחוקים, מתקנת כל חולשה, חובשת כל פצע ומתווה את הדרך לתיקון השלם של קידוש החול.

הגואל

אדם אנונימי, "פלוני אלמוני", המסרב לגאול את רות למרות קרבתו המשפחתית. ביטוי ליראת שמיים פשוטה חסרת ייחוד ובלי שם, אטומה אל הפלא ("פלוני" – פלא־אַיִן) וחסרת כוח הולדה וחידוש ("אלמוני" – מלשון אלמנה[5]).

פרק א

חטא וחרטה

״צָמְאָה לְךָ נַפְשִׁי כָּמַהּ לְךָ בְשָׂרִי בְּאֶרֶץ צִיָּה וְעָיֵף בְּלִי מָיִם״[1]

לעיתים מוצא האדם את עצמו שקוע ב״גלות״ בארץ רחוקה, מתבוסס בתאוותיו ורחוק יותר מתמיד מ״הבית״, ממקור הנעימות והטוב. במהלך תקופה זו ישנם חלקים בנפשו שמפנים לו עורף ואובדים לנצח. אכן, ישנם כוחות חול – שכעת מצויים בבלבול, אולם נותרו מלאי רצון פנימי לרוויה רוחנית. בעת שמתעורר האדם לשוב בתשובה מחטאיו, אותן שאריות מהגלות מתלוות עימו וכעת לפניו דרך ארוכה לתקנן ולהשיבן למצב המקורי.

(א) וַיְהִי בִּימֵי שְׁפֹט הַשֹּׁפְטִים וַיְהִי רָעָב בָּאָרֶץ וַיֵּלֶךְ אִישׁ מִבֵּית לֶחֶם יְהוּדָה לָגוּר בִּשְׂדֵי מוֹאָב הוּא וְאִשְׁתּוֹ וּשְׁנֵי בָנָיו:

המגילה נפתחת במצב כאוטי. ימים שבהם "אין מלך בישראל איש הישר בעיניו יעשה".[2] האישיות האגואיסטית המעוניינת לשלוט ("אלי־מלך") חשה עצובה, מרירה ולא מסופקת ("ויהי" – וי, הי, לשון צער[3]). ממילא, נוצרת בנפש תחושת רעב פנימית והתאוות פורצות ללא גבול. למרות הלחם והצרכים הבסיסיים שיש לאדם ("בית לחם"), הוא מרגיש שדבר אינו משביע אותו,[4] וגולה מהמצב הראוי, שבו אמור הוא להודות ("יהודה"[5]) לאלוהיו ולשמוח בחלקו – אל מחוץ לארצו, לשדה מואב – למרחב נוצץ, תאוותני ופרוץ.[6] גם ההרגשה הטהורה והנעימה ("נעמי") אינה מצליחה לעמוד בפני שטף היצרים וגולה עם בניה בעקבות השאפתנות ה"אלימלכית".

(ב) וְשֵׁם הָאִישׁ אֱלִימֶלֶךְ וְשֵׁם אִשְׁתּוֹ נָעֳמִי וְשֵׁם שְׁנֵי בָנָיו מַחְלוֹן וְכִלְיוֹן אֶפְרָתִים מִבֵּית לֶחֶם יְהוּדָה וַיָּבֹאוּ שְׂדֵי מוֹאָב וַיִּהְיוּ שָׁם:

כעת, מגלה לנו המגילה מה השורש של כל ההידרדרות: שם האיש, דהיינו מהותו הפנימית,[7] הוא "אלימלך". הצד האגואיסטי השתלטני, המשוכנע שכל המלכויות בעולם צריכות להגיע אליו, הוא המנוע שדוחף את כל הירידה הזאת. עם זאת, גם בעומק ההתפרקות נותר לאדם הזיכרון העמום של הנועם והטוב ("נעמי"). אולם, במצב הנוכחי, כשהצד האגואיסטי הוא השולט, התוצאות הטבעיות הן רק מחלה וכליה; חיים רקובים ושרופים. האישיות כולה נודדת מנקודת האמת וההרמוניה אל הצדדים החיצוניים והרדודים, ועם הזמן מכה שם שורשים ושוקעת בעומק הסיאוב ("ויבואו... ויהיו שם").

(ג) וַיָּמָת אֱלִימֶלֶךְ אִישׁ נָעֳמִי וַתִּשָּׁאֵר הִיא וּשְׁנֵי בָנֶיהָ:

"צדיק אוכל לשבע נפשו ובטן רשעים תחסר".[8] המרדף אחר עושר, כבוד ותאוות הוא אין־סופי וממצה את עצמו בשלב מסוים. הדחף היצרי החזק נחלש ו"מת" בסופו של דבר, והאדם נשאר קירח מכאן

ומכאן. מצד אחד, החשק למלוך ו"לכבוש את העולם" מתמוסס ונעלם, ומצד שני, לחזור אל הנועם ואל השלמות הפנימית הוא אינו יכול; היצרים ממשיכים להם מכוח האינרציה, והאדם נשאר בגלותו.

(ד) וַיִּשְׂאוּ לָהֶם נָשִׁים מֹאֲבִיּוֹת שֵׁם הָאַחַת עָרְפָּה וְשֵׁם הַשֵּׁנִית רוּת וַיֵּשְׁבוּ שָׁם כְּעֶשֶׂר שָׁנִים:

בנפש אין ואקום.[9] כשהאדם מחליט (במודע או שלא במודע) להישאר בחוץ לארץ, מחוץ למקומו הטבעי – הולך הוא ומידרדר. אותן תוצאות חולות קונות להן שביתה בנפש ורוכשות לעצמן עוד ועוד טומאה וחיצוניות. "רכישות" שליליות אלו מתחלקות לשניים: חוויות חול טמאות ופראיות לגמרי, גסות ומקובעות ("עורפה" – עורף, הצד האחורי של הפנים, הטמא והעקשן[10]), וחוויות חול שאכן התלכלכו בטומאה, אולם יש בהן גם צימאון לתשובה ולרוויה ("רות") שעדיין לא בא על סיפוקו. כל החוויות הללו מסיטות את האדם ממהותו ומהפנימיות שלו. כך עוברת לה הנפש במצב פגום זה מחזור חיים שלם ("עשר שנים"[11]).

(ה) וַיָּמֻתוּ גַם שְׁנֵיהֶם מַחְלוֹן וְכִלְיוֹן וַתִּשָּׁאֵר הָאִשָּׁה מִשְּׁנֵי יְלָדֶיהָ וּמֵאִישָׁהּ:

בשלב הבא, גם ההֶתמֵד (אינרציה), המלא חולי וכיליון – נחלש, וכל האשליות וקסמי השווא נגוזים. האדם נשאר "מת" – מרוקן לגמרי, חלול מכל משמעות וכיוון בחייו. הוא כבר התרגש מכל חוויה, מילא כל תאווה, טייל בכל פינה ואכל בכל מסעדה. ומה הלאה?!

(ו) וַתָּקָם הִיא וְכַלֹּתֶיהָ וַתָּשָׁב מִשְּׂדֵי מוֹאָב כִּי שָׁמְעָה בִּשְׂדֵה מוֹאָב כִּי פָקַד ה' אֶת עַמּוֹ לָתֵת לָהֶם לָחֶם:

שבורה ומובסת קמה הנפש עם כל חוויותיה וכל כוחותיה שאספה במהלך הזמן ("כלותיה"), ומתחילה בתהליך ארוך של שיבה הביתה; אל המקור ואל השורש. רק כעת, התפנתה לשמוע את הקול הפנימי,

הרחוק והעמום, שקרא אליה ופקד עליה כל העת להכיר שיש תקווה מעבר לחיי ההווה ("י־הוה"); יש משהו מעבר לחומרנות ולגסות. אכן, בבית לא מצפה לה עושר חומרי או סעודות גדולות, רק לחם, אבל הוא אמיתי ומדויק, כזה שמלחים בין הנשמה לבין הגוף; לחם שמיימי.

(ז) וַתֵּצֵא מִן הַמָּקוֹם אֲשֶׁר הָיְתָה שָׁמָּה וּשְׁתֵּי כַלֹּתֶיהָ עִמָּהּ וַתֵּלַכְנָה בַדֶּרֶךְ לָשׁוּב אֶל אֶרֶץ יְהוּדָה:

סוף־סוף מתנערת הנפש מהמקום הנמוך שהייתה שקועה בתוכו, ומתחילה היא בדרך הארוכה לשוב הביתה, אל הארץ שבה מודים לקדוש ברוך הוא ("יהודה").

(ח) וַתֹּאמֶר נָעֳמִי לִשְׁתֵּי כַלֹּתֶיהָ לֵכְנָה שֹּׁבְנָה אִשָּׁה לְבֵית אִמָּהּ יַעַשׂ ה׳ עִמָּכֶם חֶסֶד כַּאֲשֶׁר עֲשִׂיתֶם עִם הַמֵּתִים וְעִמָּדִי:

הצד הפנימי והנעים מבין, שכדי שתוכל הנפש לחזור אל מקומה צריכה היא לוותר על החלקים הגסים שצמחו בה. צד זה מבקש להתנתק מהם ולפתוח דף חדש. עם זאת, אין הצד הזה שוכח את התקופה שהיו בה לאותם חלקים מקום ותפקיד, הם היו נדבך משמעותי ("חסד") בעולמה של הנפש. על כן הוא מקווה שבעתיד יוכלו גם חלקים אלו להשתלב נכון באישיותו ויגבירו אור וחסד אפילו "עם המתים" (ולא בצורה אנוכית וירודה כפי המצב כעת), והוא מתפלל על כך.

(ט) יִתֵּן ה׳ לָכֶם וּמְצֶאןָ מְנוּחָה אִשָּׁה בֵּית אִישָׁהּ וַתִּשַּׁק לָהֶן וַתִּשֶּׂאנָה קוֹלָן וַתִּבְכֶּינָה:

בתקווה שימצאו את תיקונם העתידי במציאות שמעבר לחיי ההווה ("י־הוה"), מנסה הנפש להיפרד מצדדיה הגסים, אך היא מגלה שאין זה פשוט כל כך. הניתוק קשה מאוד, ובכי וכאב נשמעים בכל חלקי הנפש.[12]

(י) וַתֹּאמַרְנָה לָּהּ כִּי אִתָּךְ נָשׁוּב לְעַמֵּךְ:

כמעט בלתי אפשרי לאדם להתנתק באחת מחלקים כה מהותיים ששלטו זמן רב בנפשו, לכן הוא משלה את עצמו, בתחבולות שונות, כי יוכל לשוב עם כל תאוותיו – כפי שהן – וכי הן לא תפרענה לו לחיי מהות ולטהרה.

(יא) וַתֹּאמֶר נָעֳמִי שֹׁבְנָה בְנֹתַי לָמָּה תֵלַכְנָה עִמִּי הַעוֹד לִי בָנִים בְּמֵעַי וְהָיוּ לָכֶם לַאֲנָשִׁים:

אך הצד הפנימי לא מתבלבל, הוא מתריע שבשלב הנוכחי החלקים הללו רק יפריעו ויסיטו את האדם מתיקון המעוות. טרם הגענו למצב שיש לאישיות תולדות חדשות, טהורות וחזקות שתוכלנה להתמודד עם כל הצדדים הנמוכים ולרתום אותם אל "אנשים" – אל אישיות שלמה וטובה.

(יב) שֹׁבְנָה בְנֹתַי לֵכְןָ כִּי זָקַנְתִּי מִהְיוֹת לְאִישׁ כִּי אָמַרְתִּי יֶשׁ לִי תִקְוָה גַּם הָיִיתִי הַלַּיְלָה לְאִישׁ וְגַם יָלַדְתִּי בָנִים:

הנפש מצויה בייאוש מוחלט מן האפשרות לתשובה: "גם אם ארצה להתחבר מחדש לאישיותי האמיתית", חושבת לעצמה הנפש, "אין לי תקווה". המחשבה שאפשר להשתקם מן החטא ולהוליד "בנים" חדשים, נדמית רחוקה מתמיד.

(יג) הֲלָהֵן תְּשַׂבֵּרְנָה עַד אֲשֶׁר יִגְדָּלוּ הֲלָהֵן תֵּעָגֵנָה לְבִלְתִּי הֱיוֹת לְאִישׁ אַל בְּנֹתַי כִּי מַר לִי מְאֹד מִכֶּם כִּי יָצְאָה בִי יַד ה':

הנפש חוששת שגם אם תצליח לאסוף את עצמה ולהוליד כוחות חדשים, הרי האפשרות שהצדדים הגסים ימתינו בהקפאה ("עגינות") ולא ישפיעו בינתיים לרעה – אינה מתקבלת על הדעת. פנימיות האדם סבלה די מאותם כוחות גסים ("מר לי מאוד מכם"), וכעת, כשהנפש כולה מתחילה לחוש ולרצות בגלוי ("יד י־הוה"[13]) את הטהרה ואת הנועם – אין מנוס אלא להיפרד.

(יד) וַתִּשֶּׂנָה קוֹלָן וַתִּבְכֶּינָה עוֹד וַתִּשַּׁק עָרְפָּה לַחֲמוֹתָהּ וְרוּת דָּבְקָה בָּהּ:
התהליך כואב מאוד, ולאחר תקופה מרירה מצליח האדם להתנקות מהחוויות הגסות והעקשניות ביותר ולהתנתק מהן, מאותן אלו שלא אפשרו עד כה שום התעלות ותשובה. אולם, גם לאחר המאמץ האדיר הזה, נותרות חוויות חול רבות מהגלגול הקודם, גם אם אינן מושחתות דוגמת הראשונות, והן נדבקות בנפש ואינן נפרדות ממנה בקלות.

(טו) וַתֹּאמֶר הִנֵּה שָׁבָה יְבִמְתֵּךְ אֶל עַמָּהּ וְאֶל אֱלֹהֶיהָ שׁוּבִי אַחֲרֵי יְבִמְתֵּךְ:
העניין צריך זהירות רבה. מי אמר שכוחות החול ה"רותיים", המצויים בקרבה צמודה ("יבמתך") אל הכוחות "העורפיים" – אינם עלולים להפריע גם הם בתהליך התיקון, בטווח הקצר או הארוך? אולי כשם שהתנקתה – התנתקה כבר הנפש מצדדיה היותר גסים, צריכה היא להתנתק גם מהם?

(טז) וַתֹּאמֶר רוּת אַל תִּפְגְּעִי בִי לְעָזְבֵךְ לָשׁוּב מֵאַחֲרָיִךְ כִּי אֶל אֲשֶׁר תֵּלְכִי אֵלֵךְ וּבַאֲשֶׁר תָּלִינִי אָלִין עַמֵּךְ עַמִּי וֵאלֹהַיִךְ אֱלֹהָי:
כדי שהנפש לא תצטרך לעזוב מאחוריה כוחות חול אלו, היא צריכה להעביר את כל רצונותיה, רגשותיה ומחשבותיה מן העבר תהליך של בחינה ו"גיור" ארוך,[14] כזה שיבחן אם הם מתאימים לאישיות המתוקנת ההולכת ונבנית. הבחינה מתרחשת בכמה מעגלים, נפה אחרי נפה: במעגל הראשון צריך לבחון קודם כול, האם כוחות אלו מתחברים לתהליך ההשתנות הכללי של הנפש, מוכנים לתנועה ולהתעלות ("הליכה"), או שהם נותרים מאחור ו"תוקעים" את הנפש בהרגלים מגונים? במעגל השני מתברר, האם גם במצבים נסתרים, כשההכרה והתודעה הגלויה לא פועלות ("לינה"), כוחות אלו משפיעים לחיוב, שמא יש להם השפעות סמויות לרעה שאינן גלויות במבט ראשון? במעגל השלישי יש לבדוק, האם כל אותם דעות, רגשות ורצונות עולים בקנה אחד עם החוויה הפשוטה הבריאה

של "דרך ארץ שקדמה לתורה", כמו אהבת המשפחה והלאום והזדהות עימם ("עמך")? ובמעגל הרביעי ייבחן, האם הם מתואמים עם המבט הרוחני, השלם והמקיף ("אלוהים")?

(יז) בַּאֲשֶׁר תָּמוּתִי אָמוּת וְשָׁם אֶקָּבֵר כֹּה יַעֲשֶׂה ה' לִי וְכֹה יֹסִיף כִּי הַמָּוֶת יַפְרִיד בֵּינִי וּבֵינֵךְ:

הבחינה האחרונה שיש לבחון היא האם כוחות הנפש הללו יעמדו גם במבחן ה"מוות"? כלומר, אם אדם מוכן להתגייר אף אם יעלה לו הדבר בחייו, הן במשמעות הפיזית הן במשמעות הנפשית. המוכנות "לקבור" תאוות, חלומות ושאיפות אינה דבר של מה בכך.

לאחר שחלקי הנפש הללו עוברים את כל חמשת המבחנים, מתברר שהם אכן טהורים ושייכים לסדר הבריא של הנפש. אדרבה, הם יכולים רק "לעשות" ו"להוסיף" עוד ועוד עד ש"המוות" יפריד בינינו לבין החיים בעולם הזה.

(יח) וַתֵּרֶא כִּי מִתְאַמֶּצֶת הִיא לָלֶכֶת אִתָּהּ וַתֶּחְדַּל לְדַבֵּר אֵלֶיהָ:

לאחר שהאדם ערך חשבון נפש עמוק והתאמץ לברר את כל כוחותיו וללכת בדרך הישר, אפשר לחדול מעט מדרך הכובש ולהמשיך בדרך התשובה וההתקדמות.

(יט) וַתֵּלַכְנָה שְׁתֵּיהֶם עַד בֹּואָנָה בֵּית לָחֶם וַיְהִי כְּבֹואָנָה בֵּית לֶחֶם וַתֵּהֹם כָּל הָעִיר עֲלֵיהֶן וַתֹּאמַרְנָה הֲזֹאת נָעֳמִי:

הנפש הולכת ושבה אל עולמה הפנימי, אולם הדברים אינם פשוטים כל כך. מהומה פנימית מתחוללת בכלל האישיות ("העיר"), וככל שהאדם מתחבר לעצמו, הולך ונחשף לו עד כמה חסר הוא, כמה יש עוד לתקן.[15] האדם נזכר בנועם ובטהרה המקוריים, ומתחלחל לגלות כמה התרחק מהם.

(כ) וַתֹּאמֶר אֲלֵיהֶן אַל תִּקְרֶאנָה לִי נָעֳמִי קְרֶאןָ לִי מָרָא כִּי הֵמַר שַׁדַּי לִי מְאֹד:

במקום בנועם, הנפש מתמלאת בשלב הראשון במרירות. מידת הדין והאמת (המתבטאת בשם "ש־די"[16]) מכאיבה לאדם וממרקת אותו בייסורים פנימיים.

(כא) אֲנִי מְלֵאָההָלַכְתִּי וְרֵיקָם הֱשִׁיבַנִי ה׳ לָמָּה תִקְרֶאנָה לִי נָעֳמִי וַה׳ עָנָה בִי וְשַׁדַּי הֵרַע לִי:

הנפש נזכרת איך בעבר הייתה מלאה ומאושרת, וכעת היא חוזרת ריקנית ועצובה. קול הטוב והרחמים ("י־ה־ו־ה"[17]) קורא בה ודוחף אותה לשוב מאהבה; ובמקביל, קול המשפט והדין ("ש־די") גורם לאדם לחוש ב"רע", בסטייתו מדרך הטוב, ותובע לתקן את שקלקל.

(כב) וַתָּשָׁב נָעֳמִי וְרוּת הַמּוֹאֲבִיָּה כַלָּתָהּ עִמָּהּ הַשָּׁבָה מִשְּׂדֵי מוֹאָב וְהֵמָּה בָּאוּ בֵּית לֶחֶם בִּתְחִלַּת קְצִיר שְׂעֹרִים:

אולם למרות הצער, מתברר דבר מופלא: כאשר שבה הנפש משדות הטומאה והחיצוניות אל הנועם הפנימי, מתגלה לה לפתע שכל אותם כוחות, חוויות ורגשות שהצטברו כל אותו הזמן – שאכן נטמאו, אולם נותרו כל העת ברצון לרוויה רוחנית ("רות") – שייכים ביסודם אל ההלחמה ("בית לחם") של הנשמה לגוף. התחושה אינה של ניכור אלא של שיבה הביתה ("השבה משדי מואב"). זהו טבעה העמוק של האישיות.

עם זאת, הנפש רק ב"תחילת קציר שעורים". רק התחילה לנכש את כל הכוחות הבהמיים והשפלים שצמחו פרא ("קציר שעורים"[18]) ולתקן אותם. עוד חזון למועד.

הַתְּשׁוּבָה, הִיא בָּאָה
וְעַל פִּתְחִי עוֹמֶדֶת
דוֹפֶקֶת הִיא עַל דַּלְתִּי
וְהִנְנִי חָשׁ לִפְתֹּחַ לְפָנֶיהָ
לִרְוָחָה אֶת שַׁעֲרֵי לְבָבִי
אָנָּא ה׳ הוֹשִׁיעָה נָּא[19]

פרק ב

תשובה ותיקון

"אַשְׁרֵי אָדָם עוֹז לוֹ בָךְ מְסִלּוֹת בִּלְבָבָם"[1]

הדרך, שבה ירווה אדם את צימאונו לתשובה היא באמצעות חיבור לצד השכלי, מלא העוז והגבורה. לצורך כך יש לבנות אישיות מלאת טוב לב וחסד, המוכנה לעבוד ולקצור את תבואת השדה בצניעות ובעדינות. יהיו כאלה שינסו לרפות את ידי הנפש מלשוב בתשובה, אולם אם תדבק באינטואיציה הפנימית – תאסוף בסופו של דבר שלל רב.

(א) וּלְנָעֳמִי מוֹדַע לְאִישָׁהּ אִישׁ גִּבּוֹר חַיִל מִמִּשְׁפַּחַת אֱלִימֶלֶךְ וּשְׁמוֹ בֹּעַז:

כל עוד נפשו בו, נס האדם מעומק השחיתות (מ"שדי מואב"), ומתחיל בתהליך של תיקון והתעלות. אולם, מכיוון שהמוטיבציה נובעת בעיקרה מהסלידה שהוא חש מהתמכרות לתאוות, אך אינה מעוגנת בתפיסת עולם רחבה – הבניין האישיותי עודנו רעוע, ואינו מחוסן מפני התקפות היצר שיבואו.

אולם הנעימות הנשמתית הפנימית מתחילה להתוודע ("מודע") לכוח אחר שקיים בה. אותו כוח הוא שכלי־פעיל ובעל יכולת שליטה ("איש"), יציב ועמיד מול היצר ("גיבור חיל"). הסיבה ליציבות זו היא שבניגוד להרגשת הנעימות האינטואיטיבית הוא נמצא במודעות ובהכרה. מכיוון שכך קיימת בו היכולת לבנות בניין שלם, המעניק משמעות וסיפוק אמיתי לכלל חלקי האישיות, להבדיל מתחליפי הסיפוק של התאוות ("ממשפחת אלימלך"). מהותו[2] היא עוז פנימי המאחד את כל כוחות האדם למגמת הטוב והמוסר.

(ב) וַתֹּאמֶר רוּת הַמּוֹאֲבִיָּה אֶל נָעֳמִי אֵלְכָה נָּא הַשָּׂדֶה וַאֲלַקֳטָה בַשִּׁבֳּלִים אַחַר אֲשֶׁר אֶמְצָא חֵן בְּעֵינָיו וַתֹּאמֶר לָהּ לְכִי בִתִּי:

בעקבות ההתוודעות לעוז הפנימי, כוחות הנפש השרויים בתהליך השיבה חשים שחסר להם דבר מהותי, שהם מעוניינים לרוות ("רות") ממנו. הם מרגישים צורך להיפתח למדרגת חיים חדשה, להתעמק בחוכמת התורה ("ללקט בשיבולים"[3]) ולמצוא דרך לחיים שלמים והרמוניים ("חן"[4]) עם השכל ועם ההכרה. הנעימות הנשמתית מברכת כמובן על הבקשה ומעודדת את כוחות החול הצמאים לרוויה להשתכלל ולהתעלות.

(ג) וַתֵּלֶךְ וַתָּבוֹא וַתְּלַקֵּט בַּשָּׂדֶה אַחֲרֵי הַקֹּצְרִים וַיִּקֶר מִקְרֶהָ חֶלְקַת הַשָּׂדֶה לְבֹעַז אֲשֶׁר מִמִּשְׁפַּחַת אֱלִימֶלֶךְ:

כוחות החול מחפשים את דרכם הרוחנית, ולאחר סיבוכים ופיתולים שונים ("ותלך ותבוא"[5]), מוצאים הם בהשגחה אלוהית מדויקת

("מקרה" – רק מה׳[6]) את חלקת השדה שלהם; לכל כוח במציאות מקומו הראוי לו והעוז הפנימי המיוחד רק לו.

(ד) וְהִנֵּה בֹעַז בָּא מִבֵּית לֶחֶם וַיֹּאמֶר לַקּוֹצְרִים ה׳ עִמָּכֶם וַיֹּאמְרוּ לוֹ יְבָרֶכְךָ ה׳:

אותו כוח שכלי־רוחני הולך ונחשף לעיני כוחות הנפש הצמאים לרוויה, ומחדש להם חידוש גדול שמזין ("לחם") ומרפא את כלל האישיות. החוכמה מגלה לאדם כי ניצוצי השלמות נמצאים כבר בזמן הקצירה ("הקוצרים") ולא רק בזמן אכילת הלחם; האושר מצוי בהשתלמות התורנית, בדרך, ולא רק בשלמות, במטרה. כבר כעת יש ה׳ עימנו, בקרבנו. הגילוי הזה מעודד את ידי העמלים במלאכה להתברך עוד יותר בטוב ובשלמות ("יברכך ה׳"[7]).

(ה) וַיֹּאמֶר בֹּעַז לְנַעֲרוֹ הַנִּצָּב עַל הַקּוֹצְרִים לְמִי הַנַּעֲרָה הַזֹּאת:

עם השמחה ועל אף ההתקדמות, עדיין הדברים אינם פשוטים. העוז הפנימי מזהה שבנפש נשארו חלקים נמוכים, ומנסה לברר עם כוחות הרצון העמלים ("הקוצרים") – האם הכוחות החדשים שייכים לצדדים הגסים והטמאים, או לצדדים הטהורים?

(ו) וַיַּעַן הַנַּעַר הַנִּצָּב עַל הַקּוֹצְרִים וַיֹּאמַר נַעֲרָה מוֹאֲבִיָּה הִיא הַשָּׁבָה עִם נָעֳמִי מִשְּׂדֵי מוֹאָב:

המבט הצעיר והנמהר ("נער"[8]) מביט על רות בדרך בוז; אומנם הכוחות הללו מחפשים רוויה, אולם מקורם הוא ב"שדה מואב", במקום טמא, והם רק נספחים באופן מקרי לנעימותה של הנפש.

(ז) וַתֹּאמֶר אֲלַקֳטָה נָּא וְאָסַפְתִּי בָעֳמָרִים אַחֲרֵי הַקּוֹצְרִים וַתָּבוֹא וַתַּעֲמוֹד מֵאָז הַבֹּקֶר וְעַד עַתָּה זֶה שִׁבְתָּהּ הַבַּיִת מְעָט:

"יתרה מזאת", מזלזל הנער, "אותה נערה זרה שהעזה להזדנב אחרי הקוצרים אינה מסתפקת בשיבולים בודדות אלא מחפשת 'עומרים'

(חבילות); ובסופו של דבר, למרות שעמדה כאן כל היום, השיגה רק מעט". המבט ה"נערי" מביט בחוסר אמון בתהליכי התשובה של כוחות החול – כיצד כוחות שחטאו ושהתרחקו מעיזים בכלל לשאוף ל"עומרים" של תורה, של מצוות ומעשים טובים? כל כמה שיעמלו, מבוקר עד ערב, לתקן את כישלונות העבר – לא יצליחו אלא "מעט", ואולי אף זה לא.

(ח) וַיֹּאמֶר בֹּעַז אֶל רוּת הֲלוֹא שָׁמַעַתְּ בִּתִּי אַל תֵּלְכִי לִלְקֹט בְּשָׂדֶה אַחֵר וְגַם לֹא תַעֲבוּרִי מִזֶּה וְכֹה תִדְבָּקִין עִם נַעֲרֹתָי:

אולם המבט השכלי הבוגר, מלא העוז ("בו־עֹז"), מזהה את רצון הרוויה של הנפש לשוב בתשובה, ומציע לה להמשיך ללקט בשדה חוכמת התורה: "אל תתפתי ללכת ללקוט בשדות תרבותיים זרים, ואל תחטאי בעבירות ("תעבורי"); הידבקי בהרגשות הטהורות והרעננות ("נערותיי"), מלאות הצניעות והענווה".

(ט) עֵינַיִךְ בַּשָּׂדֶה אֲשֶׁר יִקְצֹרוּן וְהָלַכְתְּ אַחֲרֵיהֶן הֲלוֹא צִוִּיתִי אֶת הַנְּעָרִים לְבִלְתִּי נָגְעֵךְ וְצָמִת וְהָלַכְתְּ אֶל הַכֵּלִים וְשָׁתִית מֵאֲשֶׁר יִשְׁאֲבוּן הַנְּעָרִים:

המלצותיו של השכל לנפש הצמאה לתשובה הן: "הביטי רק לשדה התורה; לכי בעקבות האינטואיציות הקדושות ("נערות"); התעלמי ממבטים נמהרים ("נערים") – הם לא ייגעו בעולמך הפנימי. ואם את מרגישה שהצימאון לרוחניות מתגבר עלייך, אך עדיין אינך מסוגלת לשאוב ממקור התורה הטהור וללמוד 'לשמה' – שתי מ'הכלים' שמהם 'ישאבון הנערים', מאמצעים תורניים, שמעניקים מענה לצדדי הנפש הנמוכים (למשל, לימוד לשם קבלת פרס או מחשש מעונש[9])".

(י) וַתִּפֹּל עַל פָּנֶיהָ וַתִּשְׁתַּחוּ אָרְצָה וַתֹּאמֶר אֵלָיו מַדּוּעַ מָצָאתִי חֵן בְּעֵינֶיךָ לְהַכִּירֵנִי וְאָנֹכִי נָכְרִיָּה:

הנפש הרגילה לתרבות המואבית מלאת הזרות והניכור[10] משתוממת מהעולם החדש שנחשף לפניה בידי העוז הרוחני: "האומנם ייתכן

שישנה 'מציאת חן' למרות שאני זרה ונוכרייה? האם קיימת תרבות שאיננה בנויה על אינטרסנטיות וחומרנות? האם ישנה אפשרות לשוב בתשובה בכל מצב?".

(יא) וַיַּעַן בֹּעַז וַיֹּאמֶר לָהּ הֻגֵּד הֻגַּד לִי כֹּל אֲשֶׁר עָשִׂית אֶת חֲמוֹתֵךְ אַחֲרֵי מוֹת אִישֵׁךְ וַתַּעַזְבִי אָבִיךְ וְאִמֵּךְ וְאֶרֶץ מוֹלַדְתֵּךְ וַתֵּלְכִי אֶל עַם אֲשֶׁר לֹא יָדַעַתְּ תְּמוֹל שִׁלְשׁוֹם:

השכל הבהיר מברר לנפש התוהה את הקריטריונים לתשובה שלמה: א. טוב לב ("כל אשר עשית את חמותך אחרי מות אישך"); ב. המוכנות לעזוב את אזור הנוחות ואת ההרגלים הקודמים ("ותעזבי אביך ואימך וארץ מולדתך"); ג. מוכנות ללכת אל הלא נודע למען האמת ("ותלכי אל עם אשר לא ידעת תמול שלשום").

(יב) יְשַׁלֵּם ה' פָּעֳלֵךְ וּתְהִי מַשְׂכֻּרְתֵּךְ שְׁלֵמָה מֵעִם ה' אֱלֹהֵי יִשְׂרָאֵל אֲשֶׁר בָּאת לַחֲסוֹת תַּחַת כְּנָפָיו:

לא תמיד תחוש הנפש השבה בתשובה את הסיפוק הרוחני כאן ועכשיו, אולם השכל מלמד, שבמבט העתידי שמעבר להווה ("י־הוה") מגיע השכר והתשלום מאת "אלוהי ישראל אשר באת לחסות תחת כנפיו". ההשגחה האלוהית ("כנפי ה'") מעניקה חיזוק להתמודד עם כל דבר לטווח הארוך ("ישראל" – "שרית עם אלוהים ואנשים ותוכל"[11]).

(יג) וַתֹּאמֶר אֶמְצָא חֵן בְּעֵינֶיךָ אֲדֹנִי כִּי נִחַמְתָּנִי וְכִי דִבַּרְתָּ עַל לֵב שִׁפְחָתֶךָ וְאָנֹכִי לֹא אֶהְיֶה כְּאַחַת שִׁפְחֹתֶיךָ:

דבריו של השכל הטוב מנחמים את הנפש המיוסרת, והיא מלאת ענווה ("שפחתך") ומכירה שיש לה להשתלם עוד ועוד ("ואנוכי לא אהיה [אפילו] כאחת שפחותיך").

(יד) וַיֹּאמֶר לָה בֹעַז לְעֵת הָאֹכֶל גֹּשִׁי הֲלֹם וְאָכַלְתְּ מִן הַלֶּחֶם וְטָבַלְתְּ פִּתֵּךְ בַּחֹמֶץ וַתֵּשֶׁב מִצַּד הַקֹּצְרִים וַיִּצְבָּט לָהּ קָלִי וַתֹּאכַל וַתִּשְׂבַּע וַתֹּתַר:

כעת, לאחר התשובה, מתאפשר לנפש הצמאה לרוויה תורנית "לגשת הלום" – להגיע אל מקומה הראוי לה,[12] לקבל את סיפוקה ("לחם") באופן משובח ומרווה ("וטבלת פתך בחומץ"[13]) ולשבת בכבוד לצד עמלי התורה ("הקוצרים"). השכל מושיט ("צובט") לנפש גרגירי חיטה מוכנים ("קלויים") – מזון רוחני דשן ונגיש, שממנו היא "תאכל ותשבע ותותר" – תקבל את סיפוקה די והותר.

(טו) וַתָּקָם לְלַקֵּט וַיְצַו בֹּעַז אֶת נְעָרָיו לֵאמֹר גַּם בֵּין הָעֳמָרִים תְּלַקֵּט וְלֹא תַכְלִימוּהָ:

השכל מלא העוצמה ("בו־עֹז") מזהיר את המבטים הנמהרים והספקנים ("נעריו") שלא יכלימו את הנפש ולא ירפו את ידיה מלאסוף – לא רק מצוות בודדות ("שיבולים") כפי שהיה עד עתה – אלא חבילות־חבילות ("עומרים") של תורה ושל מעשים טובים.

(טז) וְגַם שֹׁל תָּשֹׁלּוּ לָהּ מִן הַצְּבָתִים וַעֲזַבְתֶּם וְלִקְּטָה וְלֹא תִגְעֲרוּ בָהּ:

"גם מאגודות השיבולים הקשורות ("צבתים" מלשון "צבת") תפרשו ותותירו לה לשלל ("תשלו לה")" – ברגע שכוחות החול שבים בתשובה, אין "לגעור" בהם אלא להניח להם לאסוף מלוא החופן שפע ברכה וקדושה.

(יז) וַתְּלַקֵּט בַּשָּׂדֶה עַד הָעָרֶב וַתַּחְבֹּט אֵת אֲשֶׁר לִקֵּטָה וַיְהִי כְּאֵיפָה שְׂעֹרִים:

הנפש עמלה "עד הערב" כדי לברור ("לחבוט") את האוכל מתוך הפסולת שליקטה. לאחר עבודה מתישה, מתברר שעלתה בידה "איפה שעורים" – כמות משמעותית.[14]

(יח) וַתִּשָּׂא וַתָּבוֹא הָעִיר וַתֵּרֶא חֲמוֹתָהּ אֵת אֲשֶׁר לִקֵּטָה וַתּוֹצֵא וַתִּתֶּן לָהּ אֵת אֲשֶׁר הוֹתִרָה מִשָּׂבְעָהּ:

כוחות החול נושאים את משאם השופע ויכולים כעת "לבוא לעיר" – לחזור ליישובו של עולם. שם עומדת הנעימות של הנפש ("נעמי"), המצויה עימם ביחסי חמימות ("חמותה") ונהנית אף היא מן השפע המשביע שנלקט משדה התורה.

(יט) וַתֹּאמֶר לָהּ חֲמוֹתָהּ אֵיפֹה לִקַּטְתְּ הַיּוֹם וְאָנָה עָשִׂית יְהִי מַכִּירֵךְ בָּרוּךְ וַתַּגֵּד לַחֲמוֹתָהּ אֵת אֲשֶׁר עָשְׂתָה עִמּוֹ וַתֹּאמֶר שֵׁם הָאִישׁ אֲשֶׁר עָשִׂיתִי עִמּוֹ הַיּוֹם בֹּעַז:

הנעימות של הנפש, למודת הסבל והאכזבות מה"אבימלכים" למיניהם, עומדת תוהה: "היכן אפשר ללקט שפע כה רב של טוב ואור?"; ורות השבה בתשובה מספרת לה שאכן הדרך "לעשות" זאת היא באמצעות חיבור לאישיות ("האיש") מלאת עוז ותבונה.

(כ) וַתֹּאמֶר נָעֳמִי לְכַלָּתָהּ בָּרוּךְ הוּא לַה' אֲשֶׁר לֹא עָזַב חַסְדּוֹ אֶת הַחַיִּים וְאֶת הַמֵּתִים וַתֹּאמֶר לָהּ נָעֳמִי קָרוֹב לָנוּ הָאִישׁ מִגֹּאֲלֵנוּ הוּא:

הברכה של "האיש" מלא העוז מגיעה מ"ה' אשר לא עזב חסדו את החיים ואת המתים" – מהמבט העתידי שמעבר להווה, מחיי הנצח המשפיעים חסד הן בעולם החיים הן בעולם שאחרי המוות. יתרה מזאת, אותו "איש" – "גואלנו הוא"; החיבור לאישיות הרוחנית, מלאת השכל והתורה הוא ישועתנו וגאולתנו.

(כא) וַתֹּאמֶר רוּת הַמּוֹאֲבִיָּה גַּם כִּי אָמַר אֵלַי עִם הַנְּעָרִים אֲשֶׁר לִי תִּדְבָּקִין עַד אִם כִּלּוּ אֵת כָּל הַקָּצִיר אֲשֶׁר לִי:

הנפש השבה בתשובה והחשה את הרוויה ("רות") מגלה סוד נוסף: אם נמשיך בדרך התשובה, אפילו המבטים הנמהרים וחסרי האמון ("הנערים"), שגם הם שייכים לאישיות מלאת העוז ("אשר לי") – יכירו ביכולת להשתנות, ויחדיו נקצור את התנובה אשר ייעד ה' לנו.

(כב) וַתֹּאמֶר נָעֳמִי אֶל רוּת כַּלָּתָהּ טוֹב בִּתִּי כִּי תֵצְאִי עִם נַעֲרוֹתָיו וְלֹא יִפְגְּעוּ בָךְ בְּשָׂדֶה אַחֵר:

כדי להגיע לנעימות ולהרמוניה בנפש, יש להכיל ("כלתה") את נטיית התשובה והרוויה ("רות") ללכת בעקבות האינטואיציות הבריאות, "נערותיו" של השכל; ואזי בשום מרחב ("שדה") אחר לא יפגעו בנו.

(כג) וַתִּדְבַּק בְּנַעֲרוֹת בֹּעַז לְלַקֵּט עַד כְּלוֹת קְצִיר הַשְּׂעֹרִים וּקְצִיר הַחִטִּים וַתֵּשֶׁב אֶת חֲמוֹתָהּ:

כוחות החול השבים בתשובה מתדבקים באינטואיציות הישרות ("בנערות בועז") עד תום המלאכה, המורכבת הן מ"קציר השעורים" הן מ"קציר החיטים" – הן מן הצדדים הבהמיים ("השעורים"[15]) הן מן הצדדים האנושיים ("החיטים"[16]) – שכולם זקוקים לשוב ולהיטהר לפני אבינו שבשמיים.

פרק ג

הפנמה ואומץ

"הֲלוֹא צִוִּיתִיךָ חֲזַק וֶאֱמָץ אַל תַּעֲרֹץ וְאַל תֵּחָת כִּי עִמְּךָ ה׳ אֱלֹהֶיךָ בְּכֹל אֲשֶׁר תֵּלֵךְ"[1]

כוחות החול ששבו בתשובה עומדים לגלות קומה חדשה, מטרת התשובה השלמה אינה רק להסתפק בקומץ שעורים של סליחה ושל כפרה על חטאי העבר. כשהאדם יפנים את התשובה בנפשו, עד שתיעשה חלק טבעי וזורם באישיותו – יתברר שכוחות החול שחטאו יכולים להיגאל ולקדש את העולם כולו, אף יותר מאשר לפני החטא, "וזדונות נעשות לו כזכויות".[2]

(א) וַתֹּאמֶר לָהּ נָעֳמִי חֲמוֹתָהּ בִּתִּי הֲלֹא אֲבַקֶּשׁ לָךְ מָנוֹחַ אֲשֶׁר יִיטַב לָךְ:
לאחר תהליכי התיקון וההתעלות, הנעימות הפנימית מחליטה לעלות שלב. לא עוד הזדנבות אחרי הקוצרים, אלא הליכה קדימה, מתוך אמון עמוק בטוב הנטוע בנפש החוזרת בתשובה. אחרי כל הייסורים, אומרת היא בחמימות, הגיע הזמן שתמצאי את מנוחתך המתאימה לך ("אשר ייטב לך"[3]), הגיע זמן הגאולה.

(ב) וְעַתָּה הֲלֹא בֹעַז מֹדַעְתָּנוּ אֲשֶׁר הָיִית אֶת נַעֲרוֹתָיו הִנֵּה הוּא זֹרֶה אֶת גֹּרֶן הַשְּׂעֹרִים הַלָּיְלָה:
הרי התוודעת כבר לעוז הפנימי, מקור המודעות הישרה ("מודעתנו"), כבר ספגת ממנו רגשות טהורים ("היית את נערותיו"), ובירררת וזרית ממך את רוב החלקים הגסים והטמאים ("השעורים"). אכן, המלאכה לא נסתיימה ויש עוד בירור של צדדי גסות וחשכה ("גורן השעורים הלילה"). על מנת להתקדם, חייבים מידה של נחישות ושל אומץ לפסוע בלילה אל הלא נודע.[4]

(ג) וְרָחַצְתְּ וָסַכְתְּ וְשַׂמְתְּ שִׂמְלֹתַיִךְ עָלַיִךְ וְיָרַדְתְּ הַגֹּרֶן אַל תִּוָּדְעִי לָאִישׁ עַד כַּלֹּתוֹ לֶאֱכֹל וְלִשְׁתּוֹת:
כמובן, מסתייגת הנעימות, יש צורך במקביל להמשיך לרחוץ ולהיטהר,[5] ללמוד ("סכת"[6]) ולפתור את הספקות ואת ההתלבטויות הפנימיות עד היכן שידנו מגעת ("ושמת שמלותייך"[7]). כל עוד איננו בטוחים שלמדנו והפנמנו ("לאכול ולשתות") כפי הראוי, עדיין ישנה סכנה להידרדרות ולפנייה לשדות תרבותיים אחרים ("להיוודע לאיש אחר"),[8] ולנפילה שוב בחטא, חלילה.

(ד) וִיהִי בְשָׁכְבוֹ וְיָדַעַתְּ אֶת הַמָּקוֹם אֲשֶׁר יִשְׁכַּב שָׁם וּבָאת וְגִלִּית מַרְגְּלֹתָיו וְשָׁכָבְתְּ וְהוּא יַגִּיד לָךְ אֵת אֲשֶׁר תַּעֲשִׂין:
המבחן אם יכולים להרפות מעט מהחשש מנפילה הוא לבדוק ולבחון; מה מתרחש כאשר החלק המודע והביקורתי בנפש אינו בשיא

הפעילות והערנות?[9] מה מתרוצץ בנפש בזמן שהשכל הטהור "ישן" מעט והצדדים הטבעיים והנמוכים יותר ("הרגליים") מתגלים?[10] לאן רגלינו מוליכות אותנו, והאם התשובה והשכליות כבר חדרו כה עמוק אל נפשנו עד שידריכו אותנו באופן טבעי גם במצב כזה ("והוא יגיד לך את אשר תעשין")?.

(ה) וַתֹּאמֶר אֵלֶיהָ כֹּל אֲשֶׁר תֹּאמְרִי אֵלַי אֶעֱשֶׂה:
השבה בתשובה מאזינה לאינטואיציות הטהורות של הנעימות הנפשית, ומקבלת את דעתה.

(ו) וַתֵּרֶד הַגֹּרֶן וַתַּעַשׂ כְּכֹל אֲשֶׁר צִוַּתָּה חֲמוֹתָהּ:
בהתאם לעצתה האוהבת והחמה ("חמותה"), יורדת השבה בתשובה מעט ממעלתה הנוכחית אל מקום הבירור ("הגורן").

(ז) וַיֹּאכַל בֹּעַז וַיֵּשְׁתְּ וַיִּיטַב לִבּוֹ וַיָּבֹא לִשְׁכַּב בִּקְצֵה הָעֲרֵמָה וַתָּבֹא בַלָּט וַתְּגַל מַרְגְּלֹתָיו וַתִּשְׁכָּב:
גם העוז הפנימי, העסוק כרגיל בלימוד החוכמה, בתפילה ("אכילה" ו"שתייה"[11]) ובהגדלת טוב הלב,[12] זקוק מדי פעם לנוח. אדם אינו מצוי בכל רגע בשיא כוחותיו ("ראש הערמה"); לעיתים, זקוק הוא לשכב מעט בישנוניות ב"קצה הערמה". זהו הזמן שנבחנים כוחות החול שסררו – המזדחלים בשקט ("בלט") ונשכבים למרגלותיו – האם אכן שבו הם בתשובה שלמה?

(ח) וַיְהִי בַּחֲצִי הַלַּיְלָה וַיֶּחֱרַד הָאִישׁ וַיִּלָּפֵת וְהִנֵּה אִשָּׁה שֹׁכֶבֶת מַרְגְּלֹתָיו:
והינה, באמצע ישנוניות החיים ("בחצי הלילה") מתעוררת באדם חרדה ופחד. הכוחות הרדומים שהדחיק שבים ומתעוררים; סיבוכים והרגלים ישנים, שכבר חשב שנפטר מהם, חוזרים ולופתים אותו ("וילפת"), והצדדים הטבעיים ("אישה"[13]) נגלים בבוטות ממעמקי הנפש. נדמה שלמעשה, דבר לא השתנה.[14]

(ט) וַיֹּאמֶר מִי אָתְּ וַתֹּאמֶר אָנֹכִי רוּת אֲמָתֶךָ וּפָרַשְׂתָּ כְנָפֶךָ עַל אֲמָתְךָ כִּי גֹאֵל אָתָּה:

כל עוד רוחו בו, פונה העוז אל הצדדים שנתגלו, ומנסה להבין מהם ומהיכן צצו. והינה מתגלה שבניגוד לעבר, אותם כוחות חול שבו בתשובה ורואים עצמם כעת כפופים לצדדים העליונים והאידיאליים ("אנוכי רות אמתך"). כוחות תחתונים ובהמיים יהיו באדם תמיד,[15] אולם במצב המתוקן הם אינם תופסים מקום בראש האישיות אלא מוכנים להיכנס תחת המסגרת ("הכנפיים") הכללית של אישיות מלאה בחסד ובטוב, ולשרת אותה.[16] בכך הם ממלאים את ייעודם ומגיעים אל גאולתם.

(י) וַיֹּאמֶר בְּרוּכָה אַתְּ לַה' בִּתִּי הֵיטַבְתְּ חַסְדֵּךְ הָאַחֲרוֹן מִן הָרִאשׁוֹן לְבִלְתִּי לֶכֶת אַחֲרֵי הַבַּחוּרִים אִם דַּל וְאִם עָשִׁיר:

שמחה גדולה פורצת וממלאת את חדרי הנפש. מתברר לאדם, שהדרך השנייה שבה הכוחות הנמוכים אינם מודחקים אלא משמשים אל הטוב – שלמה ומלאת ברכה עתידית ("ברוכה את לי־הוה") יותר מהדרך הראשונה, שבה כבש הוא את כוחותיו והתעלם מהם לגמרי ("היטבת חסדך האחרון מן הראשון").[17] אומנם, לא היה אפשר להגיע למצב בריא זה בלי לעבור קודם בדרך הראשונה מלאת הפיתויים והעוצמות ("בחורים"), לעמוד במבחן ולא להתפתות לשום יצר, קטן או גדול.

(יא) וְעַתָּה בִּתִּי אַל תִּירְאִי כֹּל אֲשֶׁר תֹּאמְרִי אֶעֱשֶׂה לָּךְ כִּי יוֹדֵעַ כָּל שַׁעַר עַמִּי כִּי אֵשֶׁת חַיִל אָתְּ:

כעת, לאחר הבירור, אפשר להרפות מעט מהפחד[18] ("אל תיראי"), ולהפגין יותר אמון בזרימת החיים הטבעית.[19] הרי כל חלקי הנפש כבר יודעים ומתפארים בחוץ ("שער"), כי מידת הגבורה מוטבעת באישיות ("אשת חיל"), והצד המוסרי הוא המנהל את האדם.

(יב) וְעַתָּה כִּי אָמְנָם כִּי אם גֹאֵל אָנֹכִי וְגַם יֵשׁ גֹּאֵל קָרוֹב מִמֶּנִּי:

אכן, במצב הרגיל, כוחות החול הללו – השבים בתשובה ומביאים

לגאולה – נסתרים הם מהאישיות התורנית. יראת השמיים הפשוטה, המחלקת באופן חד את העולם לקודש וחול, היא לכאורה זמינה ומוכרת יותר לאדם ("גאל קרוב ממני"); ואולי היא זו שתרצה לגאול את סיבוכי כוחות החול?.

(יג) לִינִי הַלַּיְלָה וְהָיָה בַבֹּקֶר אִם יִגְאָלֵךְ טוֹב יִגְאָל וְאִם לֹא יַחְפֹּץ לְגָאֳלֵךְ וּגְאַלְתִּיךְ אָנֹכִי חַי ה' שִׁכְבִי עַד הַבֹּקֶר:

בזמן שנופל אדם למעמקי החטא והחשכה ("הלילה"), יכולים עומקים בתורה ובנפש לצאת לאור ("בוקר"). במצבים שיראת השמיים הפשוטה יכולה לגאול את האדם בדיכוי כוחות הרע – ייתכן להסתפק בכך; אולם אם יראת השמיים השטחית תחשוש מן המפגש עם כוחות החיים העוצמתיים של החול ולא תחפוץ לגאלם – יגיע מקומו של השכל העליון מלא העוז. "כעת", אומר בועז לרות, "נמתין למבט החי והעתידי שמעבר להווה ("חי י־הוה") עד שיתבהרו הדברים ("עד הבוקר")".

(יד) וַתִּשְׁכַּב מַרְגְּלוֹתָו עַד הַבֹּקֶר וַתָּקָם בְּטֶרֶם יַכִּיר אִישׁ אֶת רֵעֵהוּ וַיֹּאמֶר אַל יִוָּדַע כִּי בָאָה הָאִשָּׁה הַגֹּרֶן:

אחרי הבירור החשוב, הנפש "קמה משנתה" וחוזרת לסדר נורמלי, ובו השכל והכוחות השבים בתשובה עדיין מצויים בניכור מסוים זה מזה. ה"קימה" מתרחשת במהירות עוד "בטרם יכירו" השכל והכוחות השבים "איש את רעהו". כל עוד לא התבררו צדדי הגאולה השלמה והתיקון השלם – כל עוד לא הובהר לאדם אם מסוגל הוא לשלוט בכוחות החיים העוצמתיים והטבעיים – ראוי שלא ייוודע "כי באה האישה אל הגורן".[20]

(טו) וַיֹּאמֶר הָבִי הַמִּטְפַּחַת אֲשֶׁר עָלַיִךְ וְאֶחֳזִי בָהּ וַתֹּאחֶז בָּהּ וַיָּמָד שֵׁשׁ שְׂעֹרִים וַיָּשֶׁת עָלֶיהָ וַיָּבֹא הָעִיר:

ובכל זאת, הדברים אינם חוזרים בדיוק לקדמותם. כסימן לשינוי

שהתרחש, נותן העוז הפנימי לנפש השבה בתשובה "שש" (כנגד ששת צדדי החול[21]) "שעורים" (שהם מאכל בהמה[22]); להראות ולהנכיח שכבר כעת כוח התשובה מסמן את הכיוון הראוי של חיבור הקודש לעולם החול.

(טז) וַתָּבוֹא אֶל חֲמוֹתָהּ וַתֹּאמֶר מִי אַתְּ בִּתִּי וַתַּגֶּד לָהּ אֵת כָּל אֲשֶׁר עָשָׂה לָהּ הָאִישׁ:

המצב הנפשי משתנה מהקצה אל הקצה, מראייה של העולם הזה כפיתוי וכסיכון, אל עבר השלמה עימו ולראייה אותו כהזדמנות לחיבור החול עם הקודש. השינוי כה גדול, עד שהנעימות הפנימית כביכול אינה מזהה את הנפש ("מי את בתי?") וכוחות החול "מעדכנים" אותה בחידושים הגדולים שהתחדשו בלילה, בגורן.

(יז) וַתֹּאמֶר שֵׁשׁ הַשְּׂעֹרִים הָאֵלֶּה נָתַן לִי כִּי אָמַר אֵלַי אַל תָּבוֹאִי רֵיקָם אֶל חֲמוֹתֵךְ:

עיקר השינוי הוא הבירור שבגישה נכונה, תמצית החול ("שש השעורים") כלל אינה סותרת את הקודש, אדרבה, מחזקת ומאמצת אותו.[23] מתברר, שהחול אינו מציאות ריקה מתוכן ("אל תבואי ריקם"), אלא בעת ששבים בתשובה – הריהו עולם עשיר שצריך להיות במקומו הראוי לו.

(יח) וַתֹּאמֶר שְׁבִי בִתִּי עַד אֲשֶׁר תֵּדְעִין אֵיךְ יִפֹּל דָּבָר כִּי לֹא יִשְׁקֹט הָאִישׁ כִּי אִם כִּלָּה הַדָּבָר הַיּוֹם:

בעת שהתחיל מהלך התשובה ("שבי בתי") של כוחות החול להתחבר עם האישיות השכלית ("האיש") – אין להתמהמה, אלא יש להביאו לידי גמר בזריזות[24] ("לא ישקוט האיש כי אם כילה הדבר היום").

פרק ד

גאולה ומשיח

"הִתְנַעֲרִי מֵעָפָר קוּמִי לִבְשִׁי בִּגְדֵי
תִּפְאַרְתֵּךְ עַמִּי עַל יַד בֶּן יִשַׁי בֵּית הַלַּחְמִי
קָרְבָה אֶל נַפְשִׁי גְּאָלָהּ"[1]

לאחר מהלך מפותל, מתברר שכדי לגאול את כוחות החול שהלכו לאיבוד ומעוניינים לשוב בתשובה ולרוות קדושה – אין אפשרות להסתפק ביראת שמיים פשוטה, עם כל חשיבותה. יש ללכת למהלך פורץ דרך של יראת שמיים עליונה; תורת ארץ ישראל, המסוגלת לגאול גם את הכוחות השפלים ביותר. זוהי התורה המשיחית שתצמיח את מלכות בית דוד.

(א) וּבֹעַז עָלָה הַשַּׁעַר וַיֵּשֶׁב שָׁם וְהִנֵּה הַגֹּאֵל עֹבֵר אֲשֶׁר דִּבֶּר בֹּעַז וַיֹּאמֶר סוּרָה שְׁבָה פֹּה פְּלֹנִי אַלְמֹנִי וַיָּסַר וַיֵּשֵׁב:

מכאן ואילך, תהליך התשובה מתגלגל במהירות. כוחות החול מלאי התסיסה ממתינים לגאולתם, והנפש כולה מצפה לראות מי יקבל עליהם אחריות ויתקנם. שאלה זו משמעותית ביותר, והעוז הפנימי דן בה במקום הבירור, במנוחה ובדייקנות ("עלה השער[2] – וישב שם"). אליו מצטרפת יראת השמיים השגרתית; גואל חסר ייחוד ששמו לא מוזכר,[3] האטום אל הפלא[4] ("פלוני" מלשון פלא־אַיִן), החסר את כוח ההולדה והחידוש ("אלמוני" – מלשון אלמנה[5]).

(ב) וַיִּקַּח עֲשָׂרָה אֲנָשִׁים מִזִּקְנֵי הָעִיר וַיֹּאמֶר שְׁבוּ פֹה וַיֵּשֵׁבוּ:

דיון זה אינו שאלה פרטית על אדם מסוים אלא בירור נוקב עד שורשי המציאות,[6] ולכן דנים בו כל עשרת צדדי ההוויה,[7] מתוך שיקול דעת של מסורת עתיקה ("זקני העיר").

(ג) וַיֹּאמֶר לַגֹּאֵל חֶלְקַת הַשָּׂדֶה אֲשֶׁר לְאָחִינוּ לֶאֱלִימֶלֶךְ מָכְרָה נָעֳמִי הַשָּׁבָה מִשְּׂדֵה מוֹאָב:

העוז הפנימי פונה אל יראת השמיים הפשוטה, ומתאר לה את הפוטנציאל הגדול הגנוז כאן – "דעי לך", אומר השכל העליון, "כי יש פה 'חלקת שדה' – מרחב מלא במזון רוחני, בצמיחה ובחידוש, שמגיע דווקא מהצדדים הנמוכים ("אלי־מלך"[8]) שהזדככו עד שהגיעו להיות קרובים ו'אחים'. כוחות אלו החליפו בעלות ("נמכרו") דרך הנעימות הנשמתית השבה בתשובה, ממצב שהם משמשים את הרע למצב שהם עומדים הכן לשרת את הטוב" – מגלה הוא לה.

(ד) וַאֲנִי אָמַרְתִּי אֶגְלֶה אָזְנְךָ לֵאמֹר קְנֵה נֶגֶד הַיֹּשְׁבִים וְנֶגֶד זִקְנֵי עַמִּי אִם תִּגְאַל גְּאָל וְאִם לֹא יִגְאַל הַגִּידָה לִּי וְאֵדְעָ כִּי אֵין זוּלָתְךָ לִגְאוֹל וְאָנֹכִי אַחֲרֶיךָ וַיֹּאמֶר אָנֹכִי אֶגְאָל:

כעת הגיע שלב ההכרעה: האם יש בכוח יראת השמיים השטחית

לגאול את האדם, עם כל כוחותיו? במבט ראשון התשובה נראית חיובית – "אנוכי אֶגְאָל!" הרי אין שום התנגדות כמובן לכוחות חיוביים המצטרפים אל הקודש, כל ההתנגדות הייתה רק לטומאה וללכלוך שנדבקו בהם. גם דרך התורה הפשוטה, ללא צורך במבטים עמוקים, אינה שוללת לגמרי את החול.[9]

(ה) וַיֹּאמֶר בֹּעַז בְּיוֹם קְנוֹתְךָ הַשָּׂדֶה מִיַּד נָעֳמִי וּמֵאֵת רוּת הַמּוֹאֲבִיָּה אֵשֶׁת הַמֵּת קָנִיתָ לְהָקִים שֵׁם הַמֵּת עַל נַחֲלָתוֹ:

אולם מתברר שהדברים אינם פשוטים כל כך. גם אם מוכנה יראת השמיים הרדודה, בקושי, לקבל אליה כוחות חיוביים מהחול; השכל מלא העוז מברר שהגאולה הנדרשת עמוקה עוד הרבה יותר. לא רק קבלה מהוססת של כוחות שנטהרו, אלא מהלך פורץ דרך[10] של ירידה עד המקומות היותר חשוכים ושפלים, והשבתם אל הטוב והאור.[11] הכוח שיגאל את הנפש ואת המציאות חייב להיות ללא בדל של ייאוש משום קושי או חיסרון. אפילו חלקים שנדמה שאין להם תקנה ו"מתו" – יחזרו לחיים ("להקים שם המת על נחלתו").

(ו) וַיֹּאמֶר הַגֹּאֵל לֹא אוּכַל לִגְאָל לִי פֶּן אַשְׁחִית אֶת נַחֲלָתִי גְּאַל לְךָ אַתָּה אֶת גְּאֻלָּתִי כִּי לֹא אוּכַל לִגְאֹל:

את זה כבר לא יכולה יראת השמיים השגרתית לעכל. מסוגלת היא רק לשמור על הקיים, לבחור בטוב ולדכא כל סטייה, וזהו אכן תפקידה. אולם, יראה זו "מודעת לעצמה"; אם תנסה להשיב חלקים רחוקים ולתקנם, יש חשש כבד שהאדם יתבלבל, ייפול ויהרוס ("ישחית") במקום לתקן.[12]

(ז) וְזֹאת לְפָנִים בְּיִשְׂרָאֵל עַל הַגְּאוּלָּה וְעַל הַתְּמוּרָה לְקַיֵּם כָּל דָּבָר שָׁלַף אִישׁ נַעֲלוֹ וְנָתַן לְרֵעֵהוּ וְזֹאת הַתְּעוּדָה בְּיִשְׂרָאֵל:

אך השמירה על הקיים, עם כל חשיבותה, אינה הייעוד העליון של

עם ישראל, ישר־אל. מטרתו העתיקה והפנימית ("לפנים") היא לגאול את כל המציאות; ליישר כל עיוות, להמיר רע לטוב[13] ("על התמורה") ולהעניק ערך וקיום לכל דבר[14] ("לקיים כל דבר"). אפילו הצדדים הנמוכים ביותר ("הנעליים"[15]) יישלפו ממקומם ויתעלו. זו המטרה ("התעודה") של ישראל!

(ח) וַיֹּאמֶר הַגֹּאֵל לְבֹעַז קְנֵה לָךְ וַיִּשְׁלֹף נַעֲלוֹ:

המטרה קשה ביותר, ורק השכל העליון, מלא העוז והגבורה, מסוגל לקבל אותה על עצמו, ואילו הגואל המדומה יסתפק באמירה רפה לשכל – "קנה לך".

(ט) וַיֹּאמֶר בֹּעַז לַזְּקֵנִים וְכָל הָעָם עֵדִים אַתֶּם הַיּוֹם כִּי קָנִיתִי אֶת כָּל אֲשֶׁר לֶאֱלִימֶלֶךְ וְאֵת כָּל אֲשֶׁר לְכִלְיוֹן וּמַחְלוֹן מִיַּד נָעֳמִי:

העוז הפנימי פונה אל כל זוויות המציאות ואל כל חלקי הנפש, ומודיע להם שהוא נוטל על עצמו את המשימה – לטהר את כל הכוחות השליליים, הגסים והתאוותניים ולתקנם, גם אותם שכלו ("כיליון") או שחלו במחלה קשה ("מחלון"). כמובן, כל זה אפשרי רק לאחר שכבר עוּדנו בידי הנעימות הפנימית ("נעמי"[16]) וכבר לא עומדים בשיא פראותם.

(י) וְגַם אֶת רוּת הַמֹּאֲבִיָּה אֵשֶׁת מַחְלוֹן קָנִיתִי לִי לְאִשָּׁה לְהָקִים שֵׁם הַמֵּת עַל נַחֲלָתוֹ וְלֹא יִכָּרֵת שֵׁם הַמֵּת מֵעִם אֶחָיו וּמִשַּׁעַר מְקוֹמוֹ עֵדִים אַתֶּם הַיּוֹם:

כל התשוקות וכל הרצונות – הכלליים והפרטיים, הישראליים וה"מואביים", הבריאים והחולים – ימצאו את מקומם וישובו לתחייה. במגמה המשיחית דבר לא ייכרת מאחיו וממקומו הראשוני ("שער מקומו").

(יא) וַיֹּאמְרוּ כָּל הָעָם אֲשֶׁר בַּשַּׁעַר וְהַזְּקֵנִים עֵדִים יִתֵּן ה׳ אֶת הָאִשָּׁה הַבָּאָה אֶל בֵּיתֶךָ כְּרָחֵל וּכְלֵאָה אֲשֶׁר בָּנוּ שְׁתֵּיהֶם אֶת בֵּית יִשְׂרָאֵל וַעֲשֵׂה חַיִל בְּאֶפְרָתָה וּקְרָא שֵׁם בְּבֵית לָחֶם:

הנפש כולה ("כל העם") עם המסורת העתיקה ("הזקנים") נתמלאת בשמחה עצומה, ומברכות שתיהן, הנפש והמסורת, את העוז הפנימי שיצליח במשימתו הכבירה – לתקן את העולם הגלוי המתגלם ברחל (שהייתה יפת תואר ויפת מראה[17]) ולהאירו באור העולם הבא המתגלם בלאה (שהיו עיניה [א]ר[ו]כות).[18] רק בשילוב שני הכוחות הללו הבניין הוא שלם, ומתאפשר להצמיח מקומות שרופים ("אפרתה" מלשון אפר) ולגלות את הנקודה הפנימית ("לקרוא שם"[19]) בעולם החומרי ("בית לחם").

(יב) וִיהִי בֵיתְךָ כְּבֵית פֶּרֶץ אֲשֶׁר יָלְדָה תָמָר לִיהוּדָה מִן הַזֶּרַע אֲשֶׁר יִתֵּן ה׳ לְךָ מִן הַנַּעֲרָה הַזֹּאת:

"הבית אשר תבנה", מאחלים לו, "יהיה גדוש בעוצמות של פריצה, ויגלה איך דווקא מתוך זרע המרירות (תמר) נולדת וצומחת[20] מתיקות גדולה,[21] מלאה בהודיה לה׳ ("יהודה") על כל הדרך, גם על צדדיה החשוכים והקשים".

(יג) וַיִּקַּח בֹּעַז אֶת רוּת וַתְּהִי לוֹ לְאִשָּׁה וַיָּבֹא אֵלֶיהָ וַיִּתֵּן ה׳ לָהּ הֵרָיוֹן וַתֵּלֶד בֵּן:

השכל העליון יורד אל החול המשתוקק אל הקודש, ומחיבור פלאי זה ("ויתן ה׳ לה הירין") נולד כוח אדיר חדש.

(יד) וַתֹּאמַרְנָה הַנָּשִׁים אֶל נָעֳמִי בָּרוּךְ ה׳ אֲשֶׁר לֹא הִשְׁבִּית לָךְ גֹּאֵל הַיּוֹם וְיִקָּרֵא שְׁמוֹ בְּיִשְׂרָאֵל:

סוף-סוף אפשר לרוות נחת. כוחות הנפש ("הנשים") מברכים את הנעימות הפנימית שלא נותרה לבדה. כעת, יכולה היא להתחבר אל כלל האישיות; לגאול את הצדדים העכשוויים ("גואל היום"),

לגלות את מטרת המציאות ("לקרוא שם") וליישר כל עקמומיות ("ישר־אל").

(טו) וְהָיָה לָךְ לְמֵשִׁיב נֶפֶשׁ וּלְכַלְכֵּל אֶת שֵׂיבָתֵךְ כִּי כַלָּתֵךְ אֲשֶׁר אֲהֵבָתֶךְ יְלָדַתּוּ אֲשֶׁר הִיא טוֹבָה לָךְ מִשִּׁבְעָה בָּנִים:
דווקא כוחות החול, בשל עוצמתם וטבעיותם, נושאים בחובם יתרונות וכישרונות שאין לקודש הפשוט. יש בהם כוח להשיב את כל חלקי הנפש אל מקורם ("להשיב נפש") ולהזין את הנפש גם במצבים הקשים והחלושים ביותר ("לכלכל את שיבתך"). מקור הכוח העצום הזה מגיע מפני שהמנוע הפנימי הוא תשובה מחיבור ומאהבה ("כי כלתך אשר אהבתך ילדתו"), הגדולה יותר מתשובה טבעית ופשוטה ("טובה לך משבעה בנים"[22]).

(טז) וַתִּקַּח נָעֳמִי אֶת הַיֶּלֶד וַתְּשִׁתֵהוּ בְחֵיקָהּ וַתְּהִי לוֹ לְאֹמֶנֶת:
הנעימות הפנימית מגדלת ומחנכת באמונה ("ותהי לו לאומנת"[23]) את הכוח המיוחד הזה, שלעת עתה עדיין ראשוני ובוסרי ("ילד").

(יז) וַתִּקְרֶאנָה לוֹ הַשְּׁכֵנוֹת שֵׁם לֵאמֹר יֻלַּד בֵּן לְנָעֳמִי וַתִּקְרֶאנָה שְׁמוֹ עוֹבֵד הוּא אֲבִי יִשַׁי אֲבִי דָוִד:
הילד שנולד מן המהלך המופלא הזה אינו ילד פרטי אלא ציבורי, ולכן שמו נקרא בידי "השכנות" – בידי החברות ובשם החברות של כלל ישראל ("שכינה"). שמו יהיה "עובד" מלשון עבודה. עמל גדול נצרך בשביל לגדל ילד מעין זה; דור חדש של ילדי פלא עובדי ה', מלאים בתורת ארץ ישראל, המסוגלת לאחד בין הקודש ובין החול.

(יח) וְאֵלֶּה תּוֹלְדוֹת פָּרֶץ פֶּרֶץ הוֹלִיד אֶת חֶצְרוֹן:
זהו הזמן לסקור את השושלת שהולידה את בועז אבי עובד, שממנו יגיע דוד המלך ויצמח אורו של משיח; מעין סיכום של הכוחות היוצרים את מלכות בית דוד, המלכות הקסומה שתצליח להשיב

בתשובה את כל כוחות החול שבעולם. ראשית היה פרץ, בנם של יהודה ותמר, שנולד באופן לא שגרתי, ממהלך פורץ דרך ומפותל, והוא מעניק למלכות בית דוד את כוח הפריצה – "מלך פורץ גדר ואין ממחין בידו".[24] יש כמובן חשש שפריצת דרך מעין זו תישאר בצרות אופקים ותוביל לאנרכיה, ולכן "פרץ הוליד את חצרון" – הפריצה תהפוך ל"חצר", מרחב פתוח ומחשבה רחבה, שבהם יתאפשר לבנות בניין רם ונישא, כדלקמן.

(יט) וְחֶצְרוֹן הוֹלִיד אֶת רָם וְרָם הוֹלִיד אֶת עַמִּינָדָב:
המרחב של החצר המלכותית מאפשר להתרומם לגבהים רוחניים רמים ונישאים, ואלה מצידם מאפשרים לנהל את עם ה' בנדיבות ("עמי־נדב") וברוחב לב.

(כ) וְעַמִּינָדָב הוֹלִיד אֶת נַחְשׁוֹן וְנַחְשׁוֹן הוֹלִיד אֶת שַׂלְמָה:
הנדיבות מאפשרת נחישות ("נחשון").[25] אלו צדדים משלימים; מלכות נדיבה חייבת לשמור גם על נחישות, וכל אלה מולידים שלמות ("שלמה"/"שלמון"). שלמות היא היכולת לאזן בין רגישות ונחישות, כפי שנאמר על כוחו של בית דוד – "עדינו העצני" – "כשהיה יושב ועוסק בתורה היה מעדן עצמו כתולעת, ובשעה שהיה יוצא למלחמה היה מקשה עצמו כעץ".[26]

(כא) וְשַׂלְמוֹן הוֹלִיד אֶת בֹּעַז וּבֹעַז הוֹלִיד אֶת עוֹבֵד:
השלמות המדוברת מולידה עוז וגבורה שכלית ("בו־עֹז") ואלה כאמור הולידו את תכונת עבודת ה'.

(כב) וְעֹבֵד הוֹלִיד אֶת יִשָׁי וְיִשַׁי הוֹלִיד אֶת דָּוִד:
העמל והעבודה מולידים את ה"יש" ("ישי"[27]), את האישיות השלמה, המולידה את הגעגוע ואת הכיסופים אל ה"דוד", אל הקדוש ברוך הוא.[28] זוהי מלכות בית דוד שהיא המלכות המשיחית. התורה,

שניתנה בחג השבועות – תביא לעולם מלכות שתוביל אותו למצב שלם של הרמוניה ושל יראת אלוהים; שבו לכל כוח, גם לזה שטעה בדרך, יהיה מקום לשוב ולרוות רוב נחת.

סוף־סוף אפשר לרוות נחת
סוף־סוף יכולים לשוב הביתה
סוף־סוף ניתן להצמיח את צמח דוד.

אקדמות מילין

אקדמות מילין

רקע

אַקְדָמוּת מִלִּין הוא פיוט בשפה הארמית, הנאמר בקהילות אשכנז בחג השבועות בקריאת התורה. הפיוט נקרא אקדמות על שם פתיחתו "אַקְדָמוּת מילין ושָׁרָיוּת שוּתָא" (הקדמת הדברים ופתיחת השיחה). הפיוט חובר בידי רבי מאיר ברבי יצחק ש"ץ נהוראי (פייטן אשכנזי שחי בוורמייזא) במאה ה־11 למניינם. בפיוט ארבעים וחמישה בתים, ובכל אחד מהם שתי שורות לפי סדר הא"ב (כל אות שתי שורות), ולאחר מכן באקרוסטיכון לפי שמו של הפייטן: "מאיר ביר רבי יצחק יגדל בתורה ובמעשים טובים אמן וחזק ואמץ" (אות לכל שורה).

תוכן

לאחר בקשת רשות פותח הפייטן: א. בתיאור גדולתו של הקב"ה, שאי אפשר לתארה גם אילו היו כל עצי היער לקני כתיבה, כל הימים דיו, כל הרקיעים קלף וכל בני האדם לכותבים. ב. אחר כך מתוארים המלאכים המשרתים את הא־ל. ג. הפייטן עובר לתאר דו־שיח בין עם ישראל לבין אומות העולם, ובו מתברר תפקידה של התורה והשכר המיועד ללומדיה בעולם הבא.

מבט עומק

שלא במקרה, התקבל פיוט מופלא זה להיאמר בקהילות ישראל דווקא

בחג מתן תורה. בפיוט ישנה הבנה עמוקה ומחודשת במושגי הבסיס של היהדות – אלוהים, מלאכים, עם ישראל, תורה ועולם הבא.

בעולם היהודי עמדה, מאז ומעולם, הלמידה התורנית במרכז. תפילה ומצוות הן מרכיבים משמעותיים בבנייה הרוחנית, אולם – כדברי המשנה במסכת פאה – "תלמוד תורה כנגד כולם". מטרת לימוד התורה היא ליצור מבט עומק אצל האדם, לפשט את המושגים, לעבור מן הממד הכמותי לממד האיכותי. חג השבועות הוא הזמן לפשט את מושגים התורניים החשובים ביותר, וזוהי כאמור מטרת הפיוט.

אלוהים

גְּבוּרָן עָלְמִין לֵהּ וְלָא סְפֵק פְּרִישׁוּתָא
גְּוִיל אִלּוּ רְקִיעֵי קְנֵי כָּל חֻרְשָׁתָא.

גבורות עולמים לו ואין סיפק לפרש
גוויל (אף) אילו (היו) הרקיעים,
וקני (כתיבה אִילו היו) כל החורשות.

בתחילת הפיוט, כותב הפייטן שלא ייתכן לתאר במילים את מהותו של אלוהים.

"אלוהים" שעליו מדברת היהדות לא ייתכן להגדרה במילים. כיצד אפוא אנו מתייחסים לדבר שאינו מוגדר? נתחיל מהידיעה היציבה ביותר בחיינו: עצם קיומנו. הידיעה שאנו חיים אינה פועל יוצא של החושים. גם תינוק, ברגע יציאתו לאוויר העולם, מודע באופן על-הכרתי לעובדה שהוא חי וקיים. על גבי ידיעת-על זו מבוססת כל פעילותנו בחיים, כל דבר שאנו אומרים או עושים הוא פועל יוצא של הקיום. אם יתבקש האדם לתאר את כל גילויי חייו, הרי לא יוכל. הוא יכול לתאר כי הוא הולך, קורא, חושב, אומר משפט

כלשהו, מרגיש תחושה כלשהי, אולם ברור כי כל אלה מספקים רק מושג קלוש מעצם חייו, אך החיים הם הרבה יותר מכל אלו, ולעולם אינם ניתנים לכימות. נקודת החיים היא אין־סופית. אכן, החיים שאני מגלה עכשיו מוגבלים, אולם ההכרה הפשוטה כי כל אשר אשיג, אבין, ארגיש, אעשה – תמיד יהיה אפשר יותר ויותר, היא הראיה כי ישנו ממד אין־סופי הניצב בשורש החיים.

לנקודת הקיום של האדם יש בלשון התורנית שֵׁם – נשמה. נשמה מלשון "נשימה",[1] פעולת החיים השורשית ביותר, שאנו משתמשים בשמה המושאל כדי לבטא את שורש חיינו, שהנשימה היא כמובן רק אחד מגילויו. הנשמה היא שורש החיים, המקור לכל ישותנו. לאדם אין צורך בהוכחות על הימצאותה של נקודת הקיום, הוא מודע בתודעת־על ברורה לחלוטין לנשמתו, היינו לקיומו.

כעת נעבור לשלב הבא, איננו חיים בוואקום. אנו מצויים בתוך מרחב שאנו מכנים אותו בשם "מציאות" (מרחב הקיים, ולוּ בדמיוננו). אם כן, כשם שלחיינו ישנו שורש קיומי שכינינו אותו בשם "נשמה"; למציאות בכללה, שאנו מודעים לקיומה דרך חיינו האישיים, ישנו שורש קיומי. נקודת הקיום של מרחב המציאות הכללית שאנו חיים בה נקראת בשבילנו – "אלוהים". אלוהים איננו רק מישהו או משהו, אלוהים בשבילנו אינו רק "כוח" החיצוני למציאות, אלא שורש נקודת החיים האין־סופית של המציאות כולה. אחד מכינויו של אלוהים ביהדות הוא הכינוי הוי"ה – מציאות, או ליתר דיוק: שורש המציאות. כשם שאצל האדם ישנה נקודת חיים בלתי מוגדרת, הממלאת את כל ישותו בוודאות מוחלטת, גם למציאות בכללה יש נקודת חיים כזאת, והיא נקראת בשבילנו "אלוהים". אלוהים עצמו הוא כמובן מעבר למציאות, אולם הוא מתגלה במציאות (לכן אחת ממילות היחס לאלוהים בלשונם של חז"ל היא המילה "שכינה" – אלוהים השוכן בתוך המציאות הארצית). משמעות הביטוי "אני מאמין באלוהים" בעומק העניין היא; אני חי לא רק את קיומי האישי, אני חי טיפה של חיים ממרחב הקיום האין־סופי. שורש חיי האישיים הוא הנשמה,

ואילו שורש החיים הכללי הוא אלוהים, כלשונו של ספר הזוהר (בראשית מה ע"א): "נשמתא דכל נשמתין". אלוהים הוא "נשמת כל הנשמות", הנשמה הגדולה של הכול.

מכיוון שכך, מובנות מילות הפיוט:

דְּיו אִלּוּ יַמֵּי וְכָל מֵי כְּנִישׁוּתָא
דָּיְרֵי אַרְעָא סָפְרֵי וְרָשְׁמֵי רַשְׁוָתָא.

אילו דיו (היו) הימים וכל מקווי מים
דרי הארץ (אילו היו) סופרים ורושמי הרשות.

עצמותו של אלוהים היא כנוסח תפילת הקדיש: "לְעֵלָּא מִן כָּל בִּרְכָתָא וְשִׁירָתָא תֻּשְׁבְּחָתָא וְנֶחֱמָתָא דַּאֲמִירָן בְּעָלְמָא" – מעל כל ברכה, שירה, שבח ונחמה הנאמרים בעולם הזה. כשם שלחיים האישיים יש נקודת חיים בסיסית, שכל החיים הם פועל יוצא שלה, ועם זאת או דווקא בגלל זה, היא אינה ניתנת להגדרה ולכימות; כך למרחב החיים הכללי יש נקודת קיום, שהיא שורש המציאות, וכל המציאות היא גילוי שלה, ודווקא משום כך אין היא ניתנת להגדרה אנושית.[2] היא ממלאת את כל ישותי ואיני יכול "לתפוס" אותה בעת ובעונה אחת. כמילותיו של רבי יהודה הלוי (שירי ריה"ל):

יָהּ, אָנָה אֶמְצָאֲךָ? / מְקוֹמְךָ נַעֲלָה וְנֶעְלָם!
וְאָנָה לֹא אֶמְצָאֲךָ? / כְּבוֹדְךָ מָלֵא עוֹלָם!

מתוך התוודעות פשוטה לעצמנו אנו מבחינים כי ישנו יסוד של שלמות, מוחלטות, אין־סופיות, המצוי בתוכנו. הנשמה היא האובייקט הגדול של החיים האישיים, ואילו אלוהים הוא שורש האובייקט הגדול של המציאות בכללה. הגילויים הסובייקטיביים של החיים – זוהי הבריאה. המהות האובייקטיבית של החיים, שלעולם

אינה ניתנת לנגיעה, אולם מצויה כל העת בבסיסם – היא הבורא. אלוהים אינו כוח רוחני דווקא, אלא שורש החיים הבלתי־מוגבל, והוא מופיע, דווקא בגלל אי־מוגבלותו, בכל הגילויים במרחב המציאות הבורואה – הרוחניים והחומריים.[3]

הֲדַר מָרֵי שְׁמַיָּא וְשַׁלִּיט בְּיַבֶּשְׁתָּא
הֲקֵים עָלְמָא יְחִידָאִי וְכַבְשֵׁהּ בְּכַבְשׁוּתָא.

(לא יוכלו לתאר את) הדר אלוהי השמים והשליט ביבשה
ש(הקים) את העולם יחידי, וכבשוֹ כיבוש.

מילות היחס לאלוהים מנוסחות ביהדות לעיתים בלשון פנייה אל ישות עליונה, כדי ליצור את היחס הנפשי של פתיחות כלפי השלמות האלוהית העומדת ביסוד חיי האדם. לדוגמה, הביטוי "אדוני השמיים", אין כוונתו לומר שאלוהים מצוי רק אי־שם מעבר לאטמוספירה, אלא לומר שישנה שמיימיות אין־סופית, גודל שאינו נגמר, המצוי בכל פינה במציאות, גודל שאדם נדרש לספוג עוד ועוד בחייו.

מלאכים

לאחר שהפיוט העניק לנו קריאת כיוון למושג "אלוהים", הוא מיידע אותנו במושג חדש – "שרפים" (מלאכים):

טְפֵי יְקִידִין שְׂרָפִין כְּלוֹל גַּפֵּי שִׁתָּא
טְעֵם עַד יִתְיְהֵב לְהוֹן שְׁתִיקִין בְּאַדִישְׁתָּא.

מתנשאים היוקדים השרפים כלול(י) כנפיים שש
צו בטרם יינתן להם, שותקים בדומייה.

מהם המלאכים והשרפים המוזכרים לעיתים בפסוקי התורה ובדבריהם של חז"ל? ישנם מחכמי ישראל שהסבירו זאת ברובד הפשוט, כדבר

קיומן של דמויות ממשיות, אולם ייתכן להציע פרשנויות ארציות יותר. לדוגמה, הרמב"ם (מורה הנבוכים ב, ו) מסביר כי אפשר להבין את המושג מלאך במשמעות של "כוח". במציאות מתגלים כוחות רבים והם המכונים "מלאכים". כאשר אדם חולה למשל ומבריא מופיע המלאך רפאל. אין הכוונה שיורדת מן השמיים ישות בעלת כנפיים הנותנת אנטיביוטיקה, אלא כי כוח הרפואה הופיע בעולם; כאשר אדם מגלה גבורה חיובית (למשל חייל בקרב), מופיע המלאך גבריאל, כוח הגבורה הופיע בעולם, וכן הלאה. גם מחשבה טובה או רצון טוב המתנוצצים אצל האדם הם בחזקת "מלאכים". חכמים אומרים כי מכל מעשה טוב של האדם "נוצר מלאך", כלומר מעשיו הטובים של האדם יוצרים מציאות חיובית בעולם. לעיתים, הכוחות הללו מתגלים במציאות כדמויות ממשיות, דוגמת הסיפור על שלושת המלאכים שביקרו את אברהם ושרה (אם כי הרמב"ם מסביר שאף כאן מדובר בחזון נבואי מופשט של אברהם ולא בממשות הפיזית) ולעיתים ככוחות מופשטים. בין כה וכה, עיקר עניינה של "המלאכיות" הוא הופעת הכוחות העליונים בעולם שלנו.

ישנם סוגים שונים של "מלאכים". "שרפים" היינו כוחות שחורכים ("שורפים") את המציאות בנוכחותם. ישנם "מלאכי השרת" או "אֶרְאֶלֵּי שַׁחַק". "מלאכי השרת" הם הכוחות השכליים העליונים הפועלים במציאות (ה"משרתים" את מגמת הבורא בעולם הארצי); ואילו "אֶרְאֶלֵּי שַׁחַק" הם הכוחות השכליים העליונים כפי שהם לעצמם, טרם פעולתם בעולם (המצויים ב"שחקים" הרחוקים מאיתנו), על אותו משקל, "אופני הקודש" הם כוחות שמניעים ו"מגלגלים" (כאופן המרכבה) את עולמו של הקדוש ברוך הוא.

הייחוס של כנפיים למלאכים הגיע מהפסוק בנביא ישעיהו (ו, ב), "שֵׁשׁ כְּנָפַיִם שֵׁשׁ כְּנָפַיִם לְאֶחָד בִּשְׁתַּיִם יְכַסֶּה פָנָיו וּבִשְׁתַּיִם יְכַסֶּה רַגְלָיו וּבִשְׁתַּיִם יְעוֹפֵף". המפרשים מסבירים כי הביטוי כנפיים שבהן "מתעופף" המלאך, בא לומר כי הכוחות הללו מגיעים בצורה מהירה וישירה; "הכנפיים" שבהן מכסה המלאך את "רגליו", משמעותן

שהסיבות שבעבורן הגיע הכוח הזה לעולם ("רגלי הדבר") נעלמות מאיתנו; ה"כנפיים" שבהן מכסה המלאך את פניו מבטאות שהכוח המלאכי מגיע באופן אינסטינקטיבי ולא מתוך הכרה. כיוון זה הוא אף הפרשנות לדבריהם של חכמים, "אין מלאך אחד עושה שתי שליחויות" (בראשית רבה פרשה נ, ב); חכמים מתכוונים לומר כי הכוחות הללו זריזים ומתגלים באופן חד וממוקד.

לְמֶחֱזֵי בְּאַנְפָּא עֵין כְּוָת גִּירֵי קַשְׁתָּא
לְכָל אֲתַר דְּמִשְׁתַּלְּחִין זְרִיזִין בְּאַשְׁוָתָא.

לחזות(ו) בפָּנים, מראה דוגמת חִצי הקשת
לכל מקום שמשתלחים, זריזים במהירות.

ישראל והשפעתם בעולם

מכאן, ממשיך הפיוט ומסביר שגדולתם של ישראל היא להשפיע את התורה מלאת החוכמה באנושות:

רְשִׁימָא הִיא גוּפָא בְּחָכְמְתָא וּבְדַעְתָּא
רְבוּתְהוֹן דְּיִשְׂרָאֵל קָרָאֵי בִשְׁמַעְתָּא.

ניכרת היא עצמה (כנסת ישראל) בחכמה ובדעת
גדולתם של ישראל, הקוראים את "שמע".

ייחודיותו של עם ישראל מתגלה בשלושה מישורים עיקריים: קיום האומה, הכישרונות הגנוזים בה והשפעתה על המציאות.

במישור הקיום: קיומם של עמי העולם, לסוגיהם השונים, נע לרוב במתווה קבוע; מתחיל בהתגבשותו של תא משפחתי לכלל שבט, התיישבותו בחבל ארץ, שגשוגו התרבותי והמדיני, ולאחר מכן – שקיעתו, הגלייתו או התבוללותו בין העמים. כך היו קורותיהן של כל האימפריות ששלטו בתבל ומלואה מאז ומעולם. עם ישראל

הוא יוצא דופן. אף שתהליך התפתחותו של עם ישראל דומה בתחילת דרכו לזה שפורט לעיל – ההמשך מעיד שיש כאן סוג אחר של עם. העם היהודי הוא היחיד מכל התרבויות האנושיות שניצב בכל התקופות בלב הציביליזציה האנושית, שמר על זהותו הייחודית למרות פיזורו ואף הצליח לשוב לחיי מדינה מלאים בארצו הקדומה. הבריח החורז את הקיום היהודי הוא המסורת התורנית, והאנושות מכירה בכך. לדוגמה, ההיסטוריון הבריטי ארנולד טוינבי סוקר את עלייתן ושקיעתן של עשרים ואחת תרבויות, החל במצרית וכלה במקסיקנית, על פי הגרף "התפתחות – הגעה לשיא – ושקיעה". בהגיעו לעם ישראל כותב הוא כי "שמירת הזהות הלאומית מצד אומה ללא עצמאות מדינית, ללא שפה מדוברת אחידה, אומה שאינה מרוכזת אלא מפוזרת על כל קצוות תבל ולמול רדיפות נוראות רצופות – זוהי תופעה כה לא רציונלית שלמולה ניצב כל היסטוריון פעור פה" (A Study of History, עמ' 184-191).

במישור הכישרון: בכל עמי העולם נמצאים כישרונות רבים ופזורים, אולם אין למצוא עם אשר הוכיח את כישרונותיו בכל מרחבי החיים, כעם היהודי. כישרונו של עם ישראל מתבטא אף בראשוניותו ובמקוריותו, אשר הובילו לפריצות דרך בענפי חיים שונים – בענפי המדע, בפיתוחם של חיי החברה, ובקידומם של עקרונות המוסר, השירה, האומנות וכדומה – אשר הם אך הדרגה הבסיסית, ועליה מופיעה ייחודיותו של הכישרון הישראלי, שהוא כישרון הנבואה התורנית:

> בברית הישנה היהודית, זה ספר הצדק האלוהי, מצויים אנשים, דברים ונאומים בסגנון גדול כל כך שאין כלום בספרות יוון והודו שיכול להדמות אליו... הטעם שאתה טועם בה, בברית הישנה, הוא אבן הבוחן ל"גדולות" ול"קטנות" (פרידריך ניטשה, מעבר לטוב ולרוע, שוקן 7691, עמ' 36-46).

במישור ההשפעה: השפעתה של תורת ישראל ניכרת במגוון תחומי חיים. נתחיל בתחום האמונות והדתות. עם ישראל הקנה לדתות השולטות, החל בנצרות ובאסלאם, את ערכי היסוד. בתחום המוסר, העניקה תורת ישראל לעולם כולו ערכים אשר לא היו בנמצא לפניו. החינוך להשכלה, חירותו של האדם ורבים מעקרונות הסוציאליזם הינם מאושיות המוסר התורני, כדבריו של הסופר הרוסי מקסים גורקי (במאמרו "העברים"), "מאז ומתמיד שימש עם ישראל מגדלור, שהפיץ את אור המחאה העזה נגד החלאה והשפלות בחיי האדם, נגד האלימות כלפי האדם, נגד התיפלות המבחילה והבערות".

שְׁבַח רִבּוֹן עָלְמָא אֲמִירָא דַּכְוָתָא
שְׁפַר עֲלַי לְחַוּוֹיֵהּ בְּאַפֵּי מַלְכְּוָתָא.

שבח ריבון העולם, אמירה זכה
נאה לי לספרו בפני המלכויות.

עולם הבא

בסיום הפיוט, מתואר כביכול דו־שיח בין אומות העולם וישראל, ובו שואלות הראשונות מהו השכר שיקבלו ישראל לעתיד לבוא. הגויים תמהים, האם "המאמץ" שווה? וישראל עונים שלעתיד לבוא נזכה ב:

הֲדָרָא דְּלָא אֶפְשַׁר לְמִפְרַט שִׂפְוָתָא
וְלָא אִשְׁתְּמַע וַחֲמֵי נְבִיאָן חֶזְוָתָא.

הדר שאי אפשר לפרט (לבטא) בשפתיים
ולא שמעו (ולא) ראו הנביאים (ב)חזיונות.

שורות הפיוט הבאות מספרות על עולם עתידי ומופלא שיהיה נחלתם של ישראל שהיו דבקים בתורה. התיאורים הללו צריכים להיות

מובנים בהקשר העמוק של המושג "עולם הבא" – "עולם ההולך ובא". עולם הבא אינו רק זמן ממוקד שיגיע לעתיד לבוא, אלא שֵׁם תואר לאיכות עתידית של החיים הבאים והולכים לקראתנו. "עולם הבא" הוא מציאות נוכחת בכל רגע ורגע. ישנה שלמות אין־סופית של חיים אלוהיים שצריכה להופיע בעולם הזה, וכל העת היא הולכת ובאה, הולכת ומופיעה את עצמה. לימוד התורה בישראל והשפעתו בעולם מקדם את העולם הזה, הופך אותו לרוחני יותר, מוסרי יותר, משוכלל יותר, נוח יותר, מתקדם יותר מבחינה רפואית, מדעית, אסתטית, וכן הלאה; כל זאת מביא את "העולם הבא" לתוך "העולם הזה". לימוד התורה מביא אלינו את השלמות העתידית, שתלך ותופיע יותר ויותר בתוך ההווה.

בְּלָא שָׁלְטָא בֵהּ עֵין בְּגוֹ עֵדֶן גִּנְתָא
מְטַיְּלֵי בֵי חִנְגָּא לְבַהֲדֵי דִשְׁכִינְתָא.

בלא שלטה בו עין בתוך גן עדן
סובבים בו (הצדיקים ב)מחול עם השכינה.

אחת הברכות שהיו נוהגים חכמי ישראל לברך בה זה את זה הייתה: "עולמך תראה בחייך" (ברכות יז ע"א): את העולם הבא תראה בחייך כבר כאן. לימוד התורה גורם לנו להכניס את ה"עולם הבא" בכל רגע לחיינו, זהו למעשה ה"טיול" עם "השכינה". חז"ל (שם לד ע"ב) מתבטאים שלא ייתכן לדעת במדויק מה יהיה בעולם הבא, ודורשים עליו את הפסוק, "עַיִן לֹא רָאָתָה אֱלֹהִים זוּלָתְךָ יַעֲשֶׂה לִמְחַכֵּה לוֹ" (ישעיהו סד, ג), היינו שלא ניתן לכמת את "העולם הבא" לתוכן מסוים. עולם הבא הוא שם כולל להתקדמות האין־סופית של המציאות, המכילה בתוכה הכול. לימוד התורה מעמיק בנו את ההבנה של העולם המופלא והאין־סופי העומד אחר כותלנו ואת הפתיחות אליו.

מְרוֹמָם הוּא אֱלָהִין בְּקַדְמָתָא וּבַתְרָיְתָא
צְבִי וְאִתְרְעִי בַן וּמְסַר לַן אוֹרַיְתָא.

מרומם הוא אלוהים בראשית ובאחרית
חפץ ורצה בנו ומסר לנו (את) התורה.

אקדמות*

בשבועות, אחרי שקראו לעולה הראשון
וקודם שהתחיל את ברכת התורה (ט"ז, תצד, א), אומרים:

ש"ץ: אַקְדָּמוּת מִלִּין וְשָׁרָיוּת שׁוּתָא
אַוְלָא שָׁקֵלְנָא הַרְמָן וּרְשׁוּתָא.

הקדמת מילים ופתיחת השי
תחילה אטול סמיכה ורשות.

קהל: בְּבָבֵי תְרֵי וּתְלָת דְּאֶפְתַּח בְּנַקְשׁוּתָא
בְּבָרֵי דְבָרֵי וְטָרֵי עֲדֵי לְקַשִּׁישׁוּתָא.

בשערים שניים ושלושה שאפתח בחרדה
ברשות הבורא ונושא עד זיקנה.

ש"ץ: גְּבוּרָן עָלְמִין לֵהּ, וְלָא סָפֵק פְּרִישׁוּתָא
גְּוִיל אִלּוּ רְקִיעֵי, קְנֵי כָּל חֻרְשָׁתָא.

גבורות עולמים לו ואין סיפק לפרש
גוויל (אף) אילו (היו) הרקיעים,
וקני (כתיבה אילו היו) כל החורשות.

קהל: דְּיוֹ אִלּוּ יַמֵּי וְכָל מֵי כְנִישׁוּתָא
דָּיְרֵי אַרְעָא סָפְרֵי וְרָשְׁמֵי רַשְׁוָתָא.

אילו דיו (היו) הימים וכל מקווי מים
דרי הארץ (אילו היו) סופרים ורושמי הרשות.

ש"ץ: הֲדַר מָרֵי שְׁמַיָּא וְשַׁלִּיט בְּיַבֶּשְׁתָּא
הֲקֵים עָלְמָא יְחִידַאי, וְכַבְּשֵׁהּ בְּכַבְּשׁוּתָא.

(לא יוכלו לתאר את) הדר אלוהי השמים והשליט ביבשה
ש(הקים) את העולם יחידי, וכבשו כיבוש.

* תורגם על ידי אמנון שפירא, טירת צבי, ובסיוע הרה"ח עזרא ציון מלמד ומאיר מדן ויונה פרנקל.

קהל: וּבְלָא לָאו שַׁכְלְלֵהּ, וּבְלָא תְשָׁשׁוּתָא
וּבְאָתָא קַלִּילָא דְּלֵית בַּהּ מְשָׁשׁוּתָא.

ובלא לאות שכללו, ובלא (כל) תשישות
ובאות קלילה שאין בה ממשות.

ש"ץ: זַמֵּן כָּל עֲבִידְתֵּהּ בְּהַךְ יוֹמֵי שִׁתָּא
זְהוֹר יְקָרֵהּ עֲלֵי, עֲלֵי כָּרְסְיֵהּ דְּאֶשָּׁתָא.

הכין כל מעשיו באלה הימים שישה
זוהר כבודו עילה על כיסא אש.

קהל: חֵיל אֶלֶף אַלְפִין וְרִבּוֹא לְשַׁמָּשׁוּתָא
חַדְתִּין נְבוֹט לְצַפְרִין, סַגִּיאָה טְרָשׁוּתָא.

חיל אלף אלפים ורבבה (עומדים) לשמשו
חדשים צצים לבקרים, רבה אמונתו.

ש"ץ: טְפֵי יְקִידִין שְׂרָפִין, כְּלוּל גַּפֵּי שִׁתָּא
טְעֵם עַד יִתְיְהֵב לְהוֹן, שְׁתִיקִין בְּאַדִּישְׁתָּא.

מתנשאים היוקדים השרפים כלול(י) כנפיים שש
צו בטרם יינתן להם, שותקים בדומייה.

קהל: יְקַבְּלוּן דֵּין מִן דֵּין שָׁוֵי דְּלָא בְשַׁשְׁתָּא
יְקָר מְלֵי כָל אַרְעָא לְתַלּוֹתֵי קְדֻשְׁתָּא.

מקבלים (רשות) זה מזה מהר, בלא להתמהמה
כבוד(ו) מלוא כל הארץ לשלש קדושה.

ש"ץ: כְּקָל מִן קֳדָם שַׁדַּי, כְּקָל מֵי נְפִישׁוּתָא
כְּרוּבִין קֳבֵל גַּלְגַּלִּין מְרוֹמְמִין בְּאַוְשָׁתָא.

כקול מלפני שדי כקול מים רבים
כרובים לעומת האופנים, מ(ת)רוממים ברעש.

קהל: לְמֶחֱזֵי בְּאַנְפָּא עֵין כְּוַת גִּירֵי קַשְׁתָּא
לְכָל אֲתַר דְּמִשְׁתַּלְּחִין, זְרִיזִין בְּאַשְׁוָתָא.

לחזות(ו) בפָנים, מראה דוגמת חִצי הקשת
לכל מקום שמשתלחים, זריזים במהירות.

ש"ץ: מְבָרְכִין בְּרִיךְ יְקָרֵהּ בְּכָל לִשַּׁן לְחִישׁוּתָא
מֵאֲתַר בֵּית שְׁכִינְתֵהּ, דְּלָא צְרִיךְ בְּחִישׁוּתָא.

מברכים "ברוך כבודו" בכל לשון לחש
ממקום בית שכינתו, שאינו צריך חיפוש.

קהל: נְהֵם כָּל חֵיל מְרוֹמָא, מְקַלְּסִין בַּחֲשַׁשְׁתָּא
נְהִירָא מַלְכוּתֵהּ לְדָר וְדָר לְאַפְרַשְׁתָּא.

נוהם כל צבא מרום המקלסים בחרדה
(את) אור מלכותו לדור ודור לפרש.

ש"ץ: סְדִירָא בְהוֹן קְדֻשְׁתָּא, וְכַד חָלְפָא שַׁעְתָּא
סִיּוּמָא דִלְעָלַם, וְאוּף לָא לְשְׁבוּעֲתָא.

סדורה בהם הקדושה (לזמן קבוע), וכאשר חולפת השעה
הסיום (הוא) לעולם, (ולא ישובו) אף לא לשבע (שנים).

קהל: עֲדַב יְקַר אַחְסַנְתֵּהּ חֲבִיבִין, דְּבִקְבַעְתָּא
עֲבִידִין לֵהּ חֲטִיבָא בִּדְנַח וּשְׁקַעְתָּא.

חבל כבוד (עַם) נחלתו חביבים, שהרי בקביעות
עשויים לו חטיבה (אחת, בקריאת שמע) בזריחה
ובשקיעה.

ש"ץ: פְּרִישָׁן לְמָנָתֵהּ לְמֶעְבַּד לֵהּ רְעוּתָא
פְּרִישָׁתֵי שְׁבָחֵהּ יְחַוּוּן בְּשָׁעוּתָא.

נבדלים (ישראל) לחלקו (של ה'), לעשות לו רצונו
נפלאותיו (ו)שבחו יספרו בסיפור.

קהל: צְבִי וְחָמֵד וְרָגֵג דְּיִלְאוּן בְּלָעוּתָא
צְלוֹתְהוֹן בְּכֵן מְקַבֵּל, וְהָנְיָא בָּעוּתָא.

חפץ וחומד וחושק (ה') שייגעו (ישראל) בעמל (התורה)
תפילתם לכן מקבל, ומועילה בקש(תם).

ש"ץ: קְטִירָא לְחַי עָלְמָא בְּתָגָא בִּשְׁבוּעֲתָא
קֳבֵל יְקַר טוֹטֶפְתָּא יְתִיבָא בִּקְבִיעֲתָא.

קשורה (התפילה) לחי העולמ(ים) בכתר, בשבועה
מול יקר הטוטפת ישובה (מונחת) בקביעות.

קהל: רְשִׁימָא הִיא גּוּפָא בְּחָכְמְתָא וּבְדַעְתָּא
רְבוּתְהוֹן דְּיִשְׂרָאֵל, קָרָאֵי בִּשְׁמַעְתָּא.

ניכרת היא עצמה (כנסת ישראל) בחכמה ובדעת
גדולתם של ישראל, הקוראים את "שמע".

ש"ץ: שְׁבַח רִבּוֹן עָלְמָא, אֲמִירָא דַּכְוָתָא
שְׁפַר עֲלַי לְחַוּוֹיֵהּ בְּאַפֵּי מַלְכְּוָתָא.

שבח ריבון העולם, אמירה זכה
נאה לי לספרו בפני המלכויות.

קהל: תָּאִין וּמִתְכַּנְּשִׁין כְּחֵזוּ אַדְוָתָא
תְּמֵהִין וְשָׁיְלִין לֵהּ בְּעֵסֶק אָתְוָתָא.

באים (העמים) ומתכנסים כמראה גלים
תמהים ושואלים לו (את ישראל) בדבר האותות
(הנפלאות).

ש"ץ: מְנָן וּמַאן הוּא רְחִימָךְ, שַׁפִּירָא בְּרֵוָתָא
אֲרוּם בְּגִינֵהּ סְפֵית מְדוֹר אַרְיָוָתָא.

מנין (הוא) ומי הוא אהובך, (את) יפת התואר
כי בגינו כלית (ב)מדור (בגוב) האריות?

קהל: **יְקָרָא וְיָאָה אַתְּ, אִין תְּעָרְבִי לְמָרְוָתָא**
רְעוּתֵךְ נַעֲבֵד לִיךְ בְּכָל אַתְרְוָתָא.

יקרה ונאה את, אם ת(ת)ערבי (בנו לקבל) את
מרות(נו)
רצונך נעשה לך בכל מקומות(ינו)!

ש"ץ: **בְּחָכְמְתָא מְתִיבָתָא לְהוֹן, קְצָת לְהוֹדָעוּתָא**
יְדַעְתּוּן חַכְּמִין לֵהּ בְּאִשְׁתְּמוֹדָעוּתָא.

בחכמה משיבה להן (כנסת ישראל) קצת להודיע
(לו) ידעתם הכרתם אותו בידיעה.

קהל: **וְרבוּתְכוֹן מָה חֲשִׁיבָא קֳבֵל הַהִיא שְׁבַחְתָּא**
וְרבוּתָא דְיַעֲבֵד לִי, כַּד מָטְיָא יְשׁוּעָתָא.

גדולתכם מה חשובה לעומת אותו השבח
(ו)הגדולה שיעשה לי כאשר תגיע הישועה.

ש"ץ: **בְּמֵיתֵי לִי נְהוֹרָא, וְתַחֲפֵי לְכוֹן בַּהֲתָא**
יְקָרֵהּ כַּד אִתְגְּלֵי בְּתָקְפָּא וּבְגֵיוְתָא.

בבוא לי האורה, ותכסה אתכם הבושה
כבודו כאשר יתגלה בתוקף ובגאון.

קהל: **יְשַׁלֵּם גְּמָלַיָּא לְשָׂנְאַי וְנַגְוָתָא**
צִדְקָתָא לְעַם חָבִיב וְסַגִּי זַכְוָתָא.

ישלם הגמולות לשונאים וגויים
צדקות (יגמול) לעם חביב ורב הזכויות.

ש"ץ: **חֲדוּ שְׁלֵמָא בְּמֵיתֵי, וּמָנָא דַכְוָתָא**
קִרְיְתָא דִירוּשְׁלֵם כַּד יְכַנֵּשׁ גָּלְוָתָא.

שמחה שלמה בבוא(ו) והכלי(ם) הטהורים
(ל)קריית ירושלים כאשר יכנס (את ה)גלויות.

קהל: **יְקָרֵהּ מַטֵּל עֲלֵהּ בְּיוֹמֵי וְלֵילְוָתָא**
גְּנוּנֵהּ לְמֶעְבַּד בֵּהּ בְּתֻשְׁבְּחָן כְּלִילָתָא.

כבודו פורש עליה יומם ולילה
חופתו לעשות בה בשבחי עטרות.

ש״ץ: **דְּזֵהוֹר עֲנָנַיָּא לְמִשְׁפַּר כִּילָתָא**
לְפֻמֵּהּ דַעֲבִידְתָא עֲבִידָן מְטַלַּלְתָּא.

בזוהר העננים ליפות החופה
לפי המעשה (של האדם)
עשויות הסוכות.

קהל: **בְּתַכְתְּקֵי דְּהַב פִּזָא, וְשִׁבְעָ מַעֲלָתָא**
תְּחִימִין צַדִּיקֵי קֳדָם רַב פָּעֳלָתָא.

בכיסאות זָהב פז ושבע מעלות
תחומים (ה)צדיקים לפני (ה׳) רב הפעלים.

ש״ץ: **וְרֵוְיהוֹן דָּמֵי לְשָׂבְעָא חֶדְוָתָא**
רְקִיעָא בְּזֵהוֹרֵהּ וְכוֹכְבֵי זִיוָתָא.

ומראיהם דומה לשובע שמחות
(כ)רקיע בזוהרו ו(כ)כוכבי זיו.

קהל: **הֲדָרָא דְּלָא אֶפְשַׁר לְמִפְרַט שִׂפְוָתָא,**
וְלָא אִשְׁתְּמַע וַחֲמֵי נְבִיאָן חֶזְוָתָא.

הדר שאי אפשר לפרט (לבטא) בשפתיים
ולא שמעו (ולא) ראו הנביאים (ב)חזיונות.

ש״ץ: **בְּלָא שָׁלְטָא בֵהּ עֵין, בְּגוֹ עֵדֶן גִּנְּתָא**
מְטַיְּלֵי בֵהּ חִנְגָּא לְבַהֲדֵי דִשְׁכִינְתָּא.

בלא שלטה בו עין בתוך גן עדן
סובבים בו (הצדיקים ב)מחול עם השכינה.

קהל: **עֲלֵה רָמְזֵי דֵין הוּא, בְּרַם בְּאֵימְתָנוּתָא**
שַׁבְרָנָא לֵהּ בְּשִׁבְיַן, תְּקוֹף הֵמָנוּתָא.

עליו רומזים: "זה הוא (אלוהינו)!" אך באימה
קיווינו לו בשביינו (ב)תוקף האמונה.

ש"ץ: **יַדְבֵּר לַן עָלְמִין, עֲלְמִין מְדַמּוּתָא**
מְנָת דִּילַן דְּמִלְּקַדְמִין פָּרֵשׁ בַּאֲרָמוּתָא.

ידביר לנו חזקים, לעלמות נמשלים
חלקנו (ארץ ישראל) שמלפנים הפריש תרומה.

קהל: **טְלוּלָא דְלִוְיָתָן וְתוֹר טוּר רָמוּתָא**
וְחַד בְּחַד כִּי סָבֵךְ וְעָבֵד קְרָבוּתָא.

סוכת הלוויתן ושור הר(ים) הגבוהים
ואחד באחד כי מסתבך ועושה קרב (מלחמה).

ש"ץ: **בְּקַרְנוֹהִי מְנַגַּח בְּהֵמוֹת בְּרַבוּתָא**
יְקַרְטַע נוּן לְקִבְלֵהּ בְּצִיצוֹי בִּגְבוּרְתָּא.

בקרניו מנגח בהמות (שור הבר) בגדולה
יכרכר (ה)דג לנגדו בסנפיריו בגבורה.

קהל: **מְקָרֵב לֵהּ בָּרְיֵהּ בְּחַרְבֵּהּ בְּרַבְרְבוּתָא**
אֲרִסְטוֹן לְצַדִּיקֵי יְתַקֵּן, וְשֵׁרוּתָא.

נלחם בו בוראו בחרבו הגדולה
סעודה לצדיקים יתקין וארוחה.

ש"ץ: **מְסַחֲרִין עֲלֵי תַכֵּי דְכַדְכֹּד וְגוּמַרְתָּא**
נְגִידִין קָמֵיהוֹן אֲפַרְסְמוֹן נַהֲרָתָא.

מסובים על שולחנות (של) כדכוד ואבני אקדח
משוכים לפניהם נהרות אפרסמון.

קהל: וּמִתְפַּנְקִין וְרָווּ בְּכָסֵי רְוָיָתָא
חֲמַר מְרַת דְּמִבְּרֵאשִׁית נְטִיר בֵּי נַעֲוָתָא.

ומתענגים ושותים בכוסות רוויה
יין עסיס שמבראשית משומר ביקב.

ש"ץ: זַכָּאִין, כַּד שְׁמַעְתּוּן שְׁבַח דָּא שִׁירָתָא
קְבִיעִין כֵּן תֶּהֱווּן בְּהַנְהוּ חֲבוּרָתָא.

הזכאים! כשם (ש)שמעתם שבח זו השירה
קבועים כן תהיו באותן החבורות (של הצדיקים).

קהל: וְתִזְכּוּן דִּי תֵיתְבוּן בְּעֵלָּא דָרָתָא
אֲרֵי תְצִיתוּן לְמִלּוֹי, דְּנָפְקִין בְּהַדְרָתָא.

ותזכו לשבת במעלה השורות (במרום)
כי תשמעו לדבריו (של ה') היוצאים בהדרה.

ש"ץ: מְרוֹמָם הוּא אֱלָהִין בְּקַדְמְתָא וּבַתְרַיְתָא
צְבִי וְאִתְרְעִי בַן, וּמְסַר לַן אוֹרַיְתָא.

מרומם הוא אלוהים בראשית ובאחרית
חפץ ורצה בנו ומסר לנו (את) התורה.

הערות

הקדמה – לברוא אורו של משיח

1. בבא בתרא יד ע"ב.
2. מנהג המופיע לראשונה במסכת סופרים מתקופת הגאונים.
3. "מאי רות? שיצא ממנה דוד המלך עליו השלום שריווהו להקב"ה בשירות ותשבחות" (ברכות ז ע"ב).
4. רות רבה פרשה ב, יד.
5. רות ג, י.
6. יבמות עט ע"א.
7. נתיב החסד.
8. רמב"ם הלכות דעות פ"א ה"ו.
9. סוטה יד ע"א.
10. שבת קמו ע"א.
11. רות א, כב.
12. יבמות מז ע"א: "תנו רבנן, גר שבא להתגייר בזמן הזה אומרים לו מה ראית שבאת להתגייר אי אתה יודע שישראל בזמן הזה דוויים דחופים סחופים ומטורפין ויסורין באין עליהם? אם אומר יודע אני ואיני כדאי, מקבלין אותו מיד ומודיעין אותו מקצת מצות קלות ומקצת מצות חמורות, ומודיעין אותו עון לקט שכחה ופאה ומעשר עני, ומודיעין אותו ענשן של מצות, אומרים לו הוי יודע שעד שלא באת למדה זו אכלת חלב אי אתה ענוש כרת, חללת שבת אי אתה ענוש סקילה, ועכשיו אכלת חלב ענוש כרת חללת שבת ענוש סקילה".
13. יבמות מז ע"א.

14. רות א, יב.
15. ראו קומץ המנחה (א, נב): "'ורות המואביה כלתה עמה השבה' (רות א, כב) עליה לא שייך 'השבה' אלא הבאה... והשבה כאילו היתה מלידה מבטן ישראלית והיא שבה וגו'... ויותר נכון על פי דברי ילקוט ראובני פרשת וישב בשם ספר התמונה, דרות נשמה ישראלית רק לחטא נתגלגלה במואביה".
16. דברים כא, יא.
17. קידושין כא ע"ב.
18. על פי תנחומא כי תצא א.
19. דברים כא, יב-יג.
20. פז ע"ב.
21. הרמב"ם, בזמנו, "גייר" מושגים מן הפילוסופיה האריסטוטלית (על פי מי מרום א, עמ' נג), וראו מאמרי הראיה (א, עמ' 106): "כי דבר ידוע הוא, שלא הלך (הרמב"ם) בעינים עצומות אחרי אריסטו ואחרי הפילוסופים הערבים מפרשי דבריו, רק הוא ז"ל חקר ובחן וזיקק את הדברים לפי כל הכחות של המדעיים שהיו בזמנו ועוד יותר מהגבול שלהם, ואחרי בירור הדברים, שנתבררו לו שלא היו בהם משום סתירת יסודי התורה והיתה דעתו נוטה אליהם, לא כיחד את האמת להגיד שהם הנם דעותיו, ומצא לנכון לפרש על פיהם דברי תורה שבכתב ושבעל פה". כמו כן, לא במקרה, רקם ריה"ל את המתודה של ספרו "הכוזרי" סביב דמות מלך כוזר שמתגייר.
22. יבמות מב ע"א: "גר שהתגייר כתינוק שנולד דמי".
23. "מאי רות? שיצא ממנה דוד המלך עליו השלום שריווהו להקב"ה בשירות ותשבחות" (ברכות ז ע"ב).
24. פרק ד, ראו בביאור להלן.
25. תלמידי חכמים בלשון הזוהר. "מעלה מיוחדת בחכמה 'מרי חיטיא'. בחינת בחכמים שהם עומדים במדרגתם ובמקומם ועוסקים בתורה וחכמה, ואינם נדים והולכים. כעובד האדמה היושב במקומו ועובד ומוציא לחם" (מאמרי הראיה ב, עמ' 440). "בעלי הסוד, חכמי לב, משכילים, מקוריים, המקבלים את המחשבות ממקור הקודש ומעבדים אותן בעיבוד שכלי והרגשי. ולפי מדת הדבקות האלוהית, השכלית וההופעית שלהם, ככה הם מתקרבים יותר אל מקורם של הדברים, והם מאספים אליהם את התבואות הללו. והם הם מחצדי חקלא, אוספי תבואת השדה, אשר אור־ה' זרוע בו" (עולת ראיה א, עמ' תלז; אורות הקודש א, עמ' קפ).
26. לחם שונה מהותית מכל מאכל אחר. בעת שאנו אוכלים מלפפון או

עגבנייה – אנו אוכלים אותם כפי שהם גדלים בטבע (למעט הריסוס...) ולכן אנו מברכים עליהם "בורא פרי האדמה"; בעת שאנו אוכלים תפוז – אנו אוכלים אותו כפי שהוא גדל על העץ, ולכן ברכתו "בורא פרי העץ"; גם כאשר אנו מברכים ברכה כללית יותר כ"שהכול נהיה בדברו", על המים למשל עדיין נשמר העיקרון שהמאכל והמשקה שאנו מכניסים לפינו בסיסם מצוי בטבע באותה צורה שבה הם נאכלים ונשתים. לחם כאמור שונה מבחינת תהליך היצירה שלו; לחם עשוי מגרעיני חיטה שאנו טוחנים לקמח, מערבבים במים, ואזי נוצר בצק שמוכנס לתנור אפייה בחום גבוה. כלומר, כדי ליצור לחם אנו מצרפים לחיטה הטבעית את החוכמה ואת העמל האנושיים. לחם הוא אבטיפוס לנטילת טבע גולמי והוצאתו מן הכוח אל הפועל בידי האדם. לא בכדי הלחם הוא המזון המרכזי של האנושות באלפי השנים האחרונות, הלחם מלחים בין קומת הגוף הטבעית שלנו לבין הקומה השכלית־אנושית. חז"ל מתבטאים (סנהדרין ע ע"ב) ש"אין התינוק יודע לקרוא אבא ואמא עד שיטעום טעם דגן"; במילים אחרות – המדרגה האנושית של הדעת ושל ההכרה קשורה לאכילת הלחם, בלחם מתבטא עיקרון היצירה אנושית.

27. בראשית יט, ל-לב.
28. אחרון בבויסק, י.
29. בראשית ב, כד.
30. שם לח, כו.
31. פיוט לכה דודי.
32. עבודה זרה ד ע"א.
33. "הפעם אודה את ה'" (בראשית כט, לה).
34. בראשית רבה פרשה פה, א.
35. הביטויים "כובש" ו"ישר" לקוחים מלשונו של הרב יעקב צבי מעקלענבורג (הכתב והקבלה בראשית מז, ט). רבינו בחיי (חובות הלבבות, שער עבודת האלוהים, פרק ג – בתרגום אבן תיבון) מתאר את מדרגת הכובש במינוח "הערת התורה" – ציות לדבר ה' מתוך הכרת התובנות התורניות בדבר השכר והעונש, ואילו המינוח "הערת השכל" – משמש אותו לתיאור מדרגת הישר. המושג "הערת השכל" מצביע על מצב שהאדם כבר הִפְנים בשכלו את התכנים הרוחניים. הן על פי הרב יעקב צבי מעקלענבורג הן על פי רבנו בחיי מדובר בשתי דרגות של עבודת ה' המתייחסות לאותו אדם עצמו ולאותם המעשים הנעשים על ידו. לעומתם, במשנתו של רבי שניאור זלמן מלאדי (תניא, ליקוטי אמרים י-יג, כז) מופיעות שתי המדרגות הללו ("בינוני" – האדם בעל

"מלחמת היצר" הכובש את תאוותיו, ו"צדיק" – הישר אשר איננו מוטרד מהן) – כביטוי לשני סוגי אנשים המקיימים מעת לידתם עבודת ה' שונה, כמעט ללא כל אפשרות שינוי במהלך חייהם. אצל הרמב"ם, לעומת זאת (הקדמות הרמב"ם למשנה, שמונה פרקים, ו – בתרגום ר"י שילת), הביטויים "המושל בנפשו" – השולט ביצריו בדרך כיבוש, ו"הַמְעֻלֶּה" – האדם הישר, בעל המעלה, המזדהה עם עבודת ה', מובאים כשתי דרכים שונות לעבוד את ה', המתאימות למעשים מסוגים שונים: מצוות "שמעיות" יש לקיים בדרך כיבוש, ומצוות "שכליות" – בדרך ישרות.

36. "והכניעה (לפני הבורא) נחלקת לשני חלקים... החלק הראשון הוא הכניעה לאל שתהיה מצד ההערה הקנויה אשר זכרנו, שחיובה מדרך הגמול והעונש בעולם הזה ובעולם הבא. אבל החלק השני הוא הכניעה אשר תהיה מצד ההערה התקועה בשכל... ושתי הכניעות משובחות, מביאות אל דרך ההצלה בעולם המנוחה, אלא שאחת מהנה (הערת התורה) גורמת לחברתה (הערת השכל) ומעלה שעולים ממנה אליה... כי ההערה התוריה היא הקדמה ומבוא אל הערת השכל" (חובות הלבבות שער עבודת האלוהים, פרק ג). כן ראו את דברי הרב קוק (מידות הראיה יראה, ד) על אודות השלב הראשון בהשתלמות הרוחנית של האדם: "בתחילתה של הופעת יראת אלוהים על האדם, הכללי והפרטי, מביאה היא אותו לידי שעמום ובטלנות. הוא אובד את רצונו ואת עצמיות המהותיות שלו, מפני שנגעה בו היראה רק בצדדיה החיצוניים, לא הפכה את הפראות והרִשעה הספוגה במהותו החמרנית ובטבע הנפש הטמאה הגנוזה בעומק שמרי החיים האנושיים, והרי ההופעה האלוהית, שהיא לגמרי ההיפוך מכל הרשעה והנבלה, היא מבטלת אותה, וממילא נעשה האדם חלוש חיים... אבל רוח האדם האמיץ, המכיר על פי נקודתו הפנימית, כי ההרגשה הזאת של יראת אלוהים היא הכל, כל החיים וכל הטוב, לא יעזוב את אוצרו, ובכל אשר יתענה עינויים גשמיים ועינויים רוחניים... כל אלה לא יכילו כח להפסיק את חוט החיים ואת אומץ ההסכמה שרק ביראת אלוהים מחסה עז לאדם, ויזכך אותה ויטהרנה, יעלנה על פסגת המדע המבורר ויעטרנה בזיו המוסר הבריא... ויחדש בה ובגללה את העולם ואת החיים בצורה חדשה מלאה הוד ותפארת גדולה וגבורה, ו'אבן מאסו הבונים היה תהיה לראש פינה' (על פי תהילים קיח, כב)".

37. ראו בחובות הלבבות (שם): "העבודה שהיא מהערת השכל... הנפש אינה נמשכת אליה אלא לאחר הֲמית תאוַת הגופות והגברת השכל עליה ושימושו בה כחפצו ורצונו". יש לציין כי אף ה"צדיק" של בעל התניא, המגיע לעולם,

על פי דבריו, עם נטייה מולדת לעבודת ה׳ ״ישרותית״ – חייב לעבור שלבי כיבוש מרובים עד שתגיע עבודתו לידי ביטוי מלא בפועל, ״והנה כשהאדם מגביר נפשו האלוהית ונלחם כל כך עם הבהמית עד שמגרש ומבער הרע שבה... נקרא צדיק״ (תניא ליקוטי אמרים, י׳).

38. ירושלמי פאה פ״ח ה״ז.

39. ״והכניעה שתהיה מחמת הערת השכל... קרובה אל האלוהים ורצויה יותר לשבעה פנים...״ (חובות הלבבות שער עבודת האלוהים, פרק ג), ״יש לכל בן דעת המשתדל אחר שלמות נפשי שני דרכים לעבוד בהם את ה׳ יתברך, אם בדרך הכובש, אם בדרך הישר. דרך הכובש הוא, שתאוות נפשו הטבעית הבהמית במקומה עומדת, והיא תעשה את שלה להתעורר בו בכל יום, אמנם מצד נפשו המשכלת הרוחנית, כובש אותם ומכניעם לעבודת ה׳ יתברך... הנה העובד את ה׳ בדרך זה הוא במלחמה תמידית בנפשו, כי התאוות הבהמיות יחרחרו תמיד ריב ומדון בנפשו עם התאווה הנפשית הרוחנית... ועבודת ה׳ בדרך הישר היא כשהיא תמימה באין ריב ומדון בנפש פנימה, אם הלב מלא באהבת ה׳ ולא נשאר בלב מקום פנוי לשכון שם תאווה בהמית כעניין ׳ולבי חלל בקרבי׳ (תהילים קט, כב), שהתאווה הבהמית היא כמת וחלל ואינה מתנגדת אל התאוות הנפשיות והרוחניות. וכבר הוסכם מגדולי המחברים שהעובד בדרך הישר הוא מעולה מן העובד בדרך הכובש... והזוכה למדרגה זו נקרא חי באמת, כי כל כוחות נפשו משתדלים להשגת החיים הנצחיים וגם כוח אחד מכל כוחות הנפשות לא נעדר מלהשתלם״ (הכתב והקבלה בראשית מז, ט).

40. ראוי להוסיף כי במאורות הראי״ה (חנוכה ארבע פרשיות ופורים, עמ׳ קצז), מציין הרב קוק מדרגה נוספת בעבודת ה׳, עליונה אף יותר ממדרגת ה״ישרות״. על פי דבריו שם, ישנן שלוש דרגות שאליהן יכול להגיע עובד ה׳; הראשונה, ״העובד רק בחומרו... המה הנקראים עבדים״, כלומר אדם המתאווה לשפלות החומרית אך כופה עצמו לצד הטוב מפאת גורמים חיצוניים לנפשו (מקביל ל״כובש״); בעלי הדרגה השנייה הם ״העולים עליהם, שכפו לגמרי את חומרם מול שכלם ואינם מתרצים כלל בשום חלק מענייני העולם הזה ואין להם נטיה להם״ (מקביל ל״ישר״); לבסוף, בעלי הדרגה השלישית הם ״העולים עליהם ביותר, שאחרי שבאו למדרגת שנאת רע, הכריחו נפשותם להשתוקק גם לדברים שנגד רצון ה׳ יתברך, כדי לעבדו עבודת עבד״. העומדים במדרגה השלישית הם אפוא אלו המקיימים עבודה מוסרית ומכניסים במכוון גם רובד כובשני בתוך תחושת ההזדהות של מדרגת

הישר, כדי שלא לעקר לחלוטין את ממד ההכנעה מן הנפש (מה שמסביר את דברי המדרש בספרא כ, כו: "לא יאמר אדם אי אפשי לאכול בשר וחלב, אי אפשי ללבוש שעטנז... אלא אפשי, ומה אעשה ואבי שבשמים גזר עלי", וכן את דברי הרמב"ם בפרק ו בשמונה פרקים, המסביר כי יש בכובש צד המעולה יותר מן הישר). וראו הרחבה על כך במילון הראיה, נספחות, מדור מחקרים, ערך "עבד לפני מלך לעומת שר לפני המלך".

41. תהילים צז, יא.

42. שם קכו, ה.

43. שם צז, יא.

44. "עצב" פירושו מעצור נפשי. בפסוק, "ולא עצבו אביו מימיו לֵאמֹר מדוע ככה עשיתָ" (מלכים א׳ א, ו), למשל, משמעות הביטוי "לא עצבו" הוא לא עצרו (ראו מצודת דוד שם). אפשר לומר אפוא כי כאשר החיים אינם מתבטאים במלוא עוצמתם אלא עצורים, מופיע חוסר הנחת הנפשי, קרי, העצב. השמחה, לעומת זאת, מופיעה כאשר הנפש חשה את יושרה הפנימי. היושר נובע מהתאמתה של הנפש אל המציאות בכללותה, ועל כן הוא זורם ללא מעצור, מעכבים או דיכוי פנימי: "...וזוהי מדרגת הישר, שאיננו פורש מעסקי העולם הזה, כי אם עושה בהם ומרחיבם, מגדילם ומאדירם לתכלית ההצלחה האמתית. והיא היתה מדת האבות, כפי שמסופר בתורה מעסקיהם הגשמיים, וכדברי חובות הלבבות בשער הפרישות (ב), וכבר אמרו חז"ל (על פי עבודה זרה כה ע"ב) שאברהם ויצחק נקראו 'ישרים'. כי זאת היא מדרגת הישר, שלבו שמח בכל טוב שהשפיע ה' הטוב בעולם 'ולישרי לב שמחה' (תהילים צז, א), וטהרת נפשו ותומתו תנחהו להיות משתלם מכל דבר ומוסיף בישובו של עולם ושכלולו, ועם זה יוסיף שלמות והצלחה אמתית, מפני שאורחות חייו קשורים יפה בציוריו השכליים והרגשותיו הנפשיות הנעלות" (עולת ראיה א, עמ' שלד).

45. "דוד גלי מסכתא" (עירובין נג ע"ב, ועיינו לאמונת עיתנו לרב צב"י טאו על הסוגיה).

הדמויות המרכזיות בעלילה

1. "רבי מאיר היה דורש שמות. רבי יהושע בן קרחה היה דורש שמות. ושם האיש אלימלך, שהיה אומר אלי תבוא מלכות" (רות רבה פרשה ב, ה).

2. "אמר רבי יוסי בר הונא: רות בתו של עגלון בן בנו של בלק מלך מואב הייתה" (סנהדרין קה ע"ב).

3. "מאי רות? שיצא ממנה דוד המלך עליו השלום שריוהו להקב"ה בשירות ותשבחות" (ברכות ז ע"ב).
4. בבא בתרא צא, א: "אמר רבה בר רב הונא אמר רב: אבצן זה בעז, מאי קמ"ל כי אידך דרבה בר רב הונא דאמר רבה בר רב הונא אמר רב: מאה ועשרים משתאות עשה בעז לבניו... וישפט את ישראל שבע שנים"; עיינו: "איגרת שמואל" לרבי שמואל די אוזידה ד, א.
5. "שהיה אלמן מד"ת..." (רש"י).

פרק א

1. תהילים סג, ב.
2. שופטים כא, כה. הכוחות המוסריים שאמורים לשפוט ולנהל את הנפש נשפטים בעצמם ומודחים מתפקידם – "שפוט השופטים – דור ששופט את שופטיו" (בבא בתרא טו ע"ב).
3. "ויהי בימי אחשוורוש, אמר רב: וי והי" (מגילה יא ע"א). "ויהי בימי אינו אלא לשון צער" (שם י ע"ב).
4. "עשיר גדול היה ופרנס הדור, ויצא מהארץ לחוצה לארץ מפני צרות העין" (רש"י).
5. "הפעם אודה את ה'" (בראשית כט, לה).
6. "ותלד הבכירה בן ותקרא שמו מואב" (בראשית יט, לז). "זו שלא הייתה צנועה פרסמה שמאביה הוא" (רש"י שם).
7. ראו לדוגמה ספורנו שמות א, א; מגיד מישרים למרן הבית יוסף פרשת שמות; נועם אלימלך פרשת לך לך ("רבי מאיר בדק בשמא" יומא פג ע"ב); דגל מחנה אפרים בראשית ד"ה "אז יאמר זה ספר תולדות האדם".
8. משלי יג, כה.
9. "והבור ריק אין בו מים" (בראשית לז, כד). "מים אין בו, נחשים ועקרבים יש בו" (שבת כא ע"ב). "אם אין אדם משתדל תמיד לעלות מעלה מעלה על כורחו ירד מטה מטה" (הגר"א, אבן שלמה).
10. "כי עם קשה עורף הוא". עיינו: "מציאות קטן" סי' רנט1, הוצאת "מאבני המקום"; מילון הראיה ערך "עורף", "אחור באדם".
11. "וזהו העניין המספרי של עשר שהוא ריבוי המאוחד לחטיבה אחת" (עולת ראיה א, עמ' קמא); פרי צדיק חיי שרה, ב.
12. "המכאוב שמרגישים ברעיון התשובה בראשית זריחתו, הוא בא מפני הניתוקים שחלקי הנפש הרעים שאין להם תקנה כל זמן שהם מחוברים

בחטיבה אחת באורגניות הנפשית מקלקלים את כל הנפש ופוגמים אותה, וע"י התשובה הם הולכים וניתקים ונעקרים. וכל ניתוק מביא כאב, ככאב של עקירת אברים המקולקלים וכריתתם מטעם הרפואה. ואלו הם הייסורים היותר פנימיים שעל ידם ובהם האדם יוצא לחרות..." (אורות התשובה ח, א. וראו שם בכל הפרק); עיינו: חוברת "עת לטעת ועת לעקור" לרב צב"י טאו.

13. "האיבר של הפעולות הגלויות, היד" (עין איה שבת ב, פרק יא, טז).
14. עיינו: יבמות מז ע"ב.
15. "כשעולה על לבו של אדם לשוב בתשובה שלמה, ולתקן את כל מעשיו ורגשותיו אפילו במחשבה לבד, לא יפול לבו בקרבו ממה שהוא נחרד מפני רוב העוונות, שנעשו אצלו יותר מורגשים. כי כך הוא טבע הדבר, שכל זמן שהאדם הוא נרדף מפני זעף הטבע הגס וחשכת המידות הרעות הסובבות אותו איננו מרגיש כ"כ בחטאיו, ולפעמים שאינו מרגיש כלום, והרי הוא צדיק בעיניו. אבל כיוון שכחו המוסרי מתעורר מיד נגלה אור הנשמה וע"י האור נבדקת היא נפשו כולו אצלו, ורואה הוא את כל כתמיה ולבו דואג בקרבו בחרדה גדולה על מעוט שלמותו ועומק נפילתו" (אורות התשובה ח, טז).
16. "ש־די, שאמר לעולמו די" (חגיגה יב ע"א).
17. ראש השנה יז ע"ב, תוד"ה "שלוש".
18. "כל המנחות באות מן החטין וזו באה מן השעורין, מנחת העומר אף על פי שבאה מן השעורין היא הייתה באה גרש וזו באה קמח, רבן גמליאל אומר: כשם שמעשיה מעשה בהמה כך קרבנה מאכל בהמה" (סוטה יד ע"א). "האכילוהו שעורים כבהמה" (רש"י כתובות עז ע"א, ד"ה "אכסוהו שערי").
19. שירים בסוף אורות התשובה לרב קוק, מהדורת אור עציון.

פרק ב

1. תהילים פד, ו.
2. "אמר רבה בר רב הונא אמר רב: אבצן זה בעז, מאי קמ"ל כי אידך דרבה בר רב הונא דאמר רבה בר רב הונא אמר רב: מאה ועשרים משתאות עשה בעז לבניו... וישפט את ישראל שבע שנים".
3. "רבי יהודה אומר חיטה היא, שאין התינוק יודע לקרות אבא ואמא עד שיטעם טעם דגן" (ברכות מ ע"א). תלמידי חכמים נקראים "מחצדי חקלא", דהיינו עובדי השדה. ראו לדוגמה: "והנה התלמידי חכמים הם שושבינא הכלה, והם מחצדי חקלא" (ליקוטי הש"ס לאריז"ל, מסכת ברכות) ועוד.

4. החן והיופי מבואר במקומות רבים ועניינו שלמות. ראו לדוגמה: "ואשלחה להגיד לאדוני למצוא חן בעיניך" (בראשית לב, ו), "שאני שלם עימך ומבקש אהבתך" (רש"י שם).
5. עיינו: רות רבה פרשה ה, ה.
6. עיינו מלבי"ם על המקום. מקרה, אותיות רק מה' (מפי השמועה. מקורו אולי בקומץ המנחה לרבי צדוק הכהן ב, נד).
7. כמו פעולת ההברכה בעץ.
8. רש"י בראשית לז, ב.
9. סנהדרין קה ע"ב: "לעולם יעסוק אדם בתורה ובמצוה שלא לשמה שמתוך שלא לשמה יבוא לשמה". ראו: נפש החיים שער ג.
10. דברים כג, ד-ה: "לא יבוא עמוני ומואבי בקהל ה'... על דבר אשר לא קדמו אתכם בלחם ובמים".
11. בראשית לב, כט.
12. הרמ"ד וואלי מציין ש"הלום" בגימטרייה "כסא", שמשמעותו יציבות והשלמה במקום הראוי (מורה הנבוכים א, ט).
13. רלב"ג: "כי החומץ משקיט הצמא ומקרר ומחזק האצטומכא".
14. "איפה" היא "שלש סאין" (מנחות עז ע"א). בבראשית יח, ו: "מהרי שלש סאים קמח סולת לושי ועשי עוגות", מסביר המגיד מישרים לרבי יוסף קארו ש"שלש סאים" הכוונה למידות נצח, הוד ויסוד.
15. סוטה יד ע"א.
16. ברכות מ ע"א.

פרק ג

1. יהושע א, ט.
2. יומא פו ע"ב.
3. אנו אומרים בתפילה, "גומל חסדים טובים". וכי יש חסדים שאינם טובים? אלא הכוונה, חסדים שמתאימים בדיוק לנו וליכולת הקיבול שלנו (מרגלא בפומיה של הרב יהושע צוקרמן זצ"ל).
4. ביחס לדבריו של משה לבני ישראל שרצו להילחם בחשבון, "והיא לא תצלח" (במדבר יד, מא), כותב ר' צדוק הכהן מלובלין: "והרי חזרו בתשובה, ולמה לא שמעו אל משה שאמר להם אל תעלו? אלא שהם ראו את עצמם בבחינת כל מה שבעל הבית אומר לך עשה חוץ מצא, וחוצפה היא מלכות בלא תגא, אך הם הקדימו זמנה, כי רק בעקבתא דמשיחא חוצפה יסגי, וזהו שאמר להם

משה והיא לא תצלח, עתה לא יצלח מה שאין כן בעקבתא דמשיחא". ועיינו: מאמר "על יד איש בן פרצי, פרץ ומשיחיותו", לרב יהודה שחור, בספר "ישועות עוזו" לזכר הרב עוזי קלכהיים זצ"ל.

5. "ורחצת – מטינופת עבודת כוכבים שלך, וסכת – מצוות וצדקות" (מדרש רבה על המקום).

6. "ויקח משם אשה חכמה, מאי שנא תקועה? אמר רבי יוחנן מתוך שרגילין בשמן זית חכמה מצויה בהן" (מנחות פה ע"ב).

7. "ופרשו השמלה" (דברים כב, יז). "שיהיו הדברים מחוורין (ברורים) כשמלה (רש"י שם).

8. עיינו: עין איה שבת א, פרק א, ה.

9. "שורש ברית וכריתות ברית במובן המוסרי הוא, שהענין החיובי ואידיאלי הנובע מתמצית המוסר היותר נעלה ונשגב יהיה מוטבע עמוק וחזק בכל טבע הלב והנפש, עד שלא יצטרך לא זירוז ולא חיזוק ולא סייג לשמירתו כי אם יהיה מוחש וקבוע, כמו שטבועה למשל בלב אדם ישר מניעת רציחה וכדומה מן השלילות הרעות שכבר הספיק כח המוסר הכללי לקלטן יפה. בהיות האדם במצב כזה בכל עילויו הוא שש ושמח בשם ה' ובוטח תמיד בחסדו. פגם הברית מחליש את כח הטבעיות שבמוסר, על כן הוא מוליד חרדה ורפיון בעומק הנפש. והחרדה הפנימית באה מפני העלילות לסור מדרך הטוב וצריך תמיד שמירה והתחזקות שכלית ועיונית. אמנם ע"י התגברות תשובה עליונה מאהבה חוזר גם הקלקול הזה לטובה..." (מידות הראיה, ערך "ברית").

10. עיינו: עין איה שבת א, עמ' 2; עולת ראיה א, עמ' קיח, שהרגליים שייכות לצדדים היותר נמוכים וחומריים. וראו: מילון הראיה ערך "רגל"; שפת אמת חנוכה תרל"א, "שתכלה רגל מן השוק – להסיר ההרגל והטבע".

11. אורות התורה ו, ח.

12. "דבר אחר 'וייטב ליבו', שעסק בדברי תורה, שנאמר, 'טוב לי תורת פיך'" (מדרש רבה על המקום).

13. עיינו: עולת ראיה א, "שלא עשני אישה", "שעשני כרצונו".

14. "אל יפול לבבינו בקרבנו אם אחרי עמל שנים רבות, הננו מוצאים את עצמנו עומדים בראשית הדרישה של אותם התוכנים שכל כך עסקנו בהם וסבבנו את מרכזם. וביחש המוסר ונטיית הטבע הננו עומדים לפעמים על אותו המעמד הזעיר... יודעים אנו שלא לשוא היה עמלנו, ועושר גדול עשה רוחנו בעמלו... ואחרי אשר נקבל בחפץ לב גם את המעבר המחשיך, יגיהו

לנו אורים חדשים גם ישנים, ה' אורי וישעי ממי אירא" (שמונה קבצים ח, לו).

15 "אין צדיק בארץ אשר יעשה טוב ולא יחטא" (קהלת ז, כ). "ארבעה מתו בעטיו של נחש..." (שבת נה ע"ב).

16. "ציבו"ר בסדרו השלם והישר, הוא כולל צדיקים בינוניים ורשעים, וכשהם בסדר זה הם מהווים את מהותו האמתית והמלאה. אמנם במצבים מעוותים, יש שמתהפך הסדר והרשעים הם בראש, ואז לפתח חטאת רב"ץ, והיחס בין החלקים כאילו אין חיבור ביניהם..." (אור לנתיבתי, עמ' סט).

17. "ישרים גדולים מצדיקים, הצדיק הוא הכובש את יצרו, והישר לבו נוטה אל היושר" (המלבי"ם, תהילים לב). "והנך רואה עתה ההפרש שבין הזהיר והנקי, אף על פי שקרובים הם זה לזה בעניינם. הזהיר הוא הנזהר במעשיו, ורואה שלא יחטא במה שכבר נודע לו ומפורסם אצל הכול היותו חטא. אמנם עדיין איננו אדון בעצמו שלא ימשוך לבו מן התאווה הטבעית שלא תטהו להראות לו היתרים באיזה דברים שאין רעתם מפורסמת... אמנם אחר שיתרגל האדם הרגל גדול בזהירות הזה עד שינקה ניקיון ראשון מן החטאים המפורסמים, ויגיל עצמו בעבודה ובזריזותה, ותגבר בו האהבה אל בוראו והחמדה אליו, הנה כוח ההרגל הזה ירחיק אותו מענייני החומר וידביק דעתו אל השלימות הנפשי, עד שסוף סוף יכול להגיע אל הניקיון השלם, שכבר יכבה אש התאווה הגופנית מלבו בהתגבר בו החמדה האלוהית, ואז תישאר ראייתו זכה וברה כמו שכתבתי למעלה..." (מסילת ישרים, פרק י. וכן עיינו שם: פרק כו, "ותראה עתה ההפרש שבין הטהור לקדוש..."); שמונה פרקים, פרק ו; הכתב והקבלה בראשית מז, ט; מאמר הדור, עמ' קיב ועוד.

18. "ההוא תלמידא דהווי קא אזיל בתריה דרבי ישמעאל ברבי יוסי בשוקא דציון, חזייה דקא מפחיד אמר ליה, חטאה את! דכתיב, 'פחדו בציון חטאים'..." (ברכות ס ע"א).

19. "האדם הישר צריך להאמין בחייו, כלומר שיאמין בחיי עצמו והרגשותיו ההולכות בדרך ישרה מיסוד נפשו שהם טובים וישרים ושהם מוליכים בדרך ישרה" (אורות התורה יא, ב; ועיינו שם באריכות).

20. "ואל תאמין בעצמך עד יום מותך" (אבות פ"ב מ"ה). "אף על פי שלא מצינו במקרא שייחד הקב"ה שמו על הצדיקים בחייהם לכתוב אלוקי פלוני, משום שנאמר, 'הן בקדושיו לא יאמין' (איוב טו, טו), כאן ייחד שמו על יצחק לפי שכהו עיניו, וכלוא בבית, והרי הוא כמת, ויצר הרע פסק ממנו..." (רש"י בראשית כח, יג).

21. ימין, שמאל, קדימה, אחורה, למעלה ולמטה. ששת צדדי המציאות. ראו למשל: מהר"ל דרך החיים, פרק ה, יח.
22. סוטה יד ע"א.
23. עיינו: עולת ראיה א, ד"ה "ויאמר ה' אל משה קח לך סמים, נטף ושחלת וחלבנה, סמים ולבונה זכה, בד בבד יהיה".
24. עיינו: מסילת ישרים פרקים ו-ט.

פרק ד

1. פיוט "לכה דודי", קבלת שבת.
2. "שופטים ושוטרים תתן לך בכל שעריך" (דברים טז, יח).
3. "אלמון מבלי שם" (רש"י). "שאין לו שם ידוע אצל המדבר" (אבן עזרא).
4. "יש אומרים שהוא מן מופלא" (אבן עזרא).
5. "שהיה אלמן מד"ת..." (רש"י).
6. "ויברא אלוהים את האדם בצלמו, בצלם אלוהים ברא אותו" (בראשית א, כז). "גם על זאת יחרד לב האדם מעם הקודש, שהוא כולל בתבניתו כל הכוחות והעולמות כולם" (נפש החיים שער א, ה; ועיינו שם בכל השער). "ציורא דבר נש איהו כגוונא דעלמא" (זוהר לך לך). "האדם עולם קטן, והעולם אדם גדול" (תנחומא פקודי, ג). עיינו: אבות דרבי נתן פרק לא; כוזרי מאמר רביעי, ג; חובות הלבבות שער הבחינה, פרק ה; מורה הנבוכים א, עב ועוד ועוד.
7. הרמ"ד וואלי מסביר שעשרת הזקנים הם כנגד עשר הספירות, שהן עשר זוויות המציאות.
8. ראו: לעיל בביאור פרק א, ב.
9. ראו למשל: שיחות הרצי"ה על אורות, ישראל וחייתו, עמ' 525: "קודש וחול אינם מוכרחים להיות במלחמה וניגוד. בהחלט לא! אבסולוטי! קודש וחול הם שני שטחים במציאות, בחיים, וייתכן ביניהם סידור נכון ומתאים. אבל יש שטח אחר בחיים, במציאות חיי האדם בעולם, שהוא בניגוד לקדושה. כאן זה לא חול! החול אינו בהכרח מנוגד לקדושה אבל יש שטח אחר שהוא בהחלט מנוגד לקדושה, לחיים ולמוות! לא חול אלא טומאה!". "ר' אלעזר הקפר ברבי אומר, מה תלמוד לומר: 'וכפר עליו מאשר חטא על הנפש'? וכי באיזו נפש חטא זה? אלא שציער עצמו מן היין. וק"ו, ומה זה שלא ציער עצמו אלא מן היין נקרא חוטא, המצער עצמו מכל דבר על אחת כמה וכמה!" (נזיר יט ע"א). "עתיד אדם לתת דין על כל דבר מאכל שראה ולא אכל"

(ירושלמי קידושין פ״ד הי״ב). ״אמר ר׳ ירמיה בר אבא אמר ריש לקיש, אין תלמיד חכם רשאי לישב בתענית מפני שממעט במלאכת שמים״ (תענית יא ע״ב). ועוד ועוד.

10. ראו: להלן בפסוק יב, ״ויהי ביתך כבית פרץ...״; ״על יד איש בן פרצי קרבה אל נפשי גאלה״ (לכה דודי); ״גדור פרצי בבן פרצי ומחדק לקוט שושן״ (פיוט לי״ז בתמוז).

11. ״וחושב מחשבות לבלתי ידח ממנו נידח״ (שמואל ב׳ יד, יד). ״השאיפה הרביעית היא העמדת להציל את הכל, מבלי להשאיר גם צרור, לחשוב מחשבות לבל ידח ממנו נדח, להציל את הגוף כמו הנשמה, את חיצוניות ההויה כמו פנימיותה, את הרע בעצמו כמו את הטוב, ולא עוד אלא להפך את הרע לטוב גמור, ולהעלות את העולם ומלואו בכל צדדיו ותכסיסיו, את העולם היחידי בכל ערכיו החומריים ואת העולם החברותי בכל סדריו, להעמיד את הכל על בסיס הטוב״ (אורות הקודש ב, עמ׳ תקו; ועיינו שם בכל הפיסקה).

12. ״לא לסתור איניש בית כנישתא עד דביני בית כנישתא אחריתי״ (בבא בתרא ג ע״ב); ראו: סיפור במשנת חכמים לרבי משה חגיז על האנוס שחשב שאלוקים אוכל את חלות השבת שאפה, ועל עונשו של התלמיד חכם שניסה להניא אותו מכך.

13. ״מאן דלא יכול לאפוכי מר למתוק וחושך לאור ורע לטוב לא יעול הכא (לבית מדרשו של משיח)״ (הקדמת הזוהר ה ע״א).

14. ״אין לך דבר שאין לו מקום״ (אבות פ״ד מ״ג). ״ויפגע במקום – והוא הנקודה של אמת הגנוזה בתוכו כי שקר אין לו רגליים, אם כן בעל כורחו יש בכל דבר נקודה של אמת, ומי שהוא איש אמת בכל מקום שבא מצא מין את מינו, והשקר בורח משם״ (שפת אמת ויצא, תרל״ט).

15. ״של נעליך מעל רגליך, כי המקום אשר אתה עומד עליו אדמת קודש הוא״ (שמות ג, ה). ״בנעלים – הם דברי הגשם (הגשמיות)״ (מציאות קטן, סד). עיינו: עין איה שבת ב, פרק שישי, ז בסוגיית סנדל המסומר. ״נעל מטונף דטיפה סרוחה״ (תיקוני זוהר, תיקון מד).

16. ראו: לעיל בביאור פסוק ג, ״מכרה נעמי השבה משדי מואב״.

17. בראשית כט, יז.

18. ״רחל עלמא דאתגליא ולאה עלמא דאתכסיא״ (זוהר ב, כט ע״ב). ראו: פרשה של הנפש בהוצאת מגיד קורן פרשת ויצא. וכיוון שעיקר עניינו של המשיח הוא לתקן את העולם הזה, רחל קודמת ללאה. וראו: רש״י בראשית לא, ד,

"ויקרא לרחל וללאה – לרחל תחילה שהיא עיקר הבית, שבשבילה נזדווג יעקב ללבן, ואף בניה של לאה מודים בדבר, שהרי בועז ובית דינו משבט יהודה אומרים, 'כרחל וכלאה אשר בנו שתיהם את בית ישראל', הקדימו רחל ללאה". ועיינו: מילון הראיה מדור "מדתם ועניינם הרוחני של אישי התנ"ך", ערך "רחל", "לאה", "בלהה". וכן במדור "מונחי קבלה ונסתר"; "מי מרום" לרב חרל"פ, פרשת ויצא, עמ' קסז; שיחות הרצי"ה בראשית סדרה א' 5, הערה 22.

19. "וקרא שם – כי השם מורה על הגילוי ממש, כמו שכתבנו במקום אחר" (רמ"ד וואלי על הפסוק). עיינו: אורות התחייה לב.

20. "איש צמח מתחתיו יצמח" (זכריה ו, יב). "צדיק כתמר יפרח, כארז בלבנון ישגה" (תהילים צב, יג); עיינו: מלבי"ם זכריה ג, ח – "הנני מביא את עבדי צמח".

21. כטעם פרי התמר...

22. המספר שבע מייצג את הקדושה הטבעית (כשבעת ימי השבוע, ראו: מהר"ל דרך חיים ה, יח). "הקדושה שבטבע היא קדושת ארץ ישראל, והשכינה שירדה בגלות עם ישראל הוא הכישרון להעמיד קדושה בניגוד לטבע. אבל הקדושה הלוחמת נגד הטבע אינה קדושה שלמה. צריכה היא להיות בלועה בתמציתה העליונה בקדושה העליונה, שהיא הקדושה שבטבע עצמה, שהוא יסוד תיקון עולם כלו ובסומו הגמור. והקדש שבגולה יחובר אל קדש הארץ, ועתידין בתי כנסיות ובתי מדרשות שבבבל שיקבעו בארץ ישראל" (אורות התחייה, כב). וראו בכל המקורות על ההבדל בין ישר לכובש, כל זה נוגע גם לעניין תשובה מאהבה לעומת תשובה פשוטה מיראה.

23. ראו: אסתר ב, ז-כ, "ויהי אומן את הדסה..."; "ואת מאמר מרדכי אסתר עושה כאשר הייתה באמנה איתו"; "אמון פדגוג" (מדרש רבה פרשה א, א).

24. סנהדרין פ"ב מ"ד; "על יד איש בן פרצי קרבה אל נפשי גאלה" (לכה דודי); "גדור פרצי בבן פרצי ומחדק לקוט שושן" (פיוט לי"ז בתמוז).

25. "היה רבי מאיר אומר, כשעמדו ישראל על הים, היו שבטים מנצחים זה עם זה. זה אומר: אני יורד תחילה לים וזה אומר: אני יורד תחילה לים. מתוך שהיו עומדים וצווחים – קפץ שבטו של בנימין וירד לים תחילה. אמר לו רבי יהודה: לא כך היה מעשה, אלא זה אומר אין אני יורד תחילה לים וזה אומר אין אני יורד תחילה לים. מתוך שהיו עומדין ונוטלין עצה אלו באלו קפץ נחשון בן עמינדב וירד לים תחילה" (סוטה לו ע"ב).

26. מועד קטן טז ע"ב.

27. בשבת נה ע"ב, מוזכר ישי כאחד מארבעת האנשים שלא חטאו מעולם ומתו רק ב"עטיו של נחש", מן החטא המוטבע במציאות המוגבלת.
28. שיר השירים – הרעיה (כנסת ישראל) עורגת על הדוד (ה' יתברך).

אקדמות

1. בראשית רבה פרשה יד, ט: "על כל נשימה ונשימה שאדם נושם צריך לקלס לבורא שנאמר, 'כל הנשמה תהלל יה'".
2. הרב קוק (אורות, "יסורים ממרקים") ניסח זאת כך: "עיקר האמונה היא בגדולת שלמות אין סוף. שכל מה שנכנס בתוך הלב הרי זה ניצוץ בטל לגמרי לגבי מה שראוי להיות משוער, ומה שראוי להיות משוער אינו עולה כלל בסוג של ביטול לגבי מה שהוא באמת". בשפה מעט פשוטה יותר, אנו מאמינים באין־סוף שמופיע בתוך הלב שלנו (החיים שלנו), וכל מה שמופיע בחיינו הוא כאין וכאפס לעומת האין־סוף והשלמות שישנם עוד (אלוהים). גם ההגדרה שציינו קודם – "השלמות האין־סופית" – היא רק ביטוי חיוור כדי לבטא את "מה שהנשמה כוספת במקוריותה למעלה מן הכל" (שם).
3. בהערת סוגריים נוסיף שלא להתבלבל בין התפיסה המוצגת כאן לתפיסתו של הפילוסוף ברוך שפינוזה, שדיבר על תפיסה "פאנתאיסטית" (הכול אלוהים), היינו שאלוהים הוא המציאות (או "הטבע") ותו לא. אנו מדברים על תפיסה "פאן־אנתאיסטית" – הכול באלוהים (ליתר דיוק, שורש הכול באלוהים), כלומר הקדוש ברוך הוא מעבר לכול, מכל מה שאפשר להעלות על הדעת ואף למעלה מזה – אולם לא מחוץ למציאות, כי אם מופיע הוא בתוך החיים עצמם.